不破楼兰誓不还

华为系列故事

主 编 孟晚舟

生活·讀書·新知三联书店

Copyright © 2023 by SDX Joint Publishing Company.
All Right Reserved.

本作品版权由生活·读书·新知三联书店所有。
未经许可，不得翻印。

图书在版编目（CIP）数据

不破楼兰誓不还 / 孟晚舟主编. -- 北京：生活·读书·新知三联书店，2023.8（2024.1重印）
（华为系列故事）
ISBN 978-7-108-07649-6

Ⅰ.①不… Ⅱ.①孟… Ⅲ.①通信企业 – 企业管理 – 经验 – 深圳 Ⅳ.①F632.765.3

中国国家版本馆 CIP 数据核字（2023）第 071268 号

策　　划	知行文化
责任编辑	朱利国　马　翀
装帧设计	陶建胜
责任印制	卢　岳
出版发行	生活·读书·新知三联书店
	（北京市东城区美术馆东街22号）
网　　址	www.sdxjpc.com
邮　　编	100010
经　　销	新华书店
印　　刷	天津图文方嘉印刷有限公司
版　　次	2023年8月北京第1版
	2024年1月北京第3次印刷
开　　本	635毫米×965毫米 1/16 印张 18.75
字　　数	194千字
印　　数	090,001—130,000册
定　　价	46.00元

（印装查询：010-64002715；邮购查询：010-84010542）

蓬生麻中，不扶而直——「荀子·劝学」

人生攒满了回忆就是幸福——任正非

目 录

什么是优秀的财经人才（序）……………… 孟晚舟 001
    1. 练就火眼金睛的合同全检会计　002
    2. 不让错误发生的应收核算会计　003
    3. 守护资金安全的日清日结对账专员　004
    4. 支撑员工流动作战的SSE会计　006
    5. 唯有匠心，不负光阴　007

驼铃，清脆了大漠……………………………… 黄　媛 001
    客户说这是华为发来的最专业、最清晰的对账单　002
    暴乱之后的坚守　004
    我给自己定下"331计划"　006
    过山车般的最后一天　008
    写在最后　010

一场"无声"的较量·················徐　锐　012
　　税审组长给我下了逐客令　012
　　80%就够了吗？不，我还想再努力一下　015
　　每一次较量都是无数次挫折后的绝不言弃　017

一个倔强的老太太·················段　戎　019
　　一杯咖啡，从美国喝到了华为　020
　　"这杯咖啡，太值了！"　022
　　这样的移花接木，行不行？　025
　　受挫的眼泪　027
　　我的小目标　030

几内亚"小花"长高了···············郑　怡　032
　　微涩的气泡水，酿成甘醇的香槟　033
　　从帆布鞋到高跟鞋　035
　　省了"一笔小钱"　036
　　最有成就感的回报　038
　　继续成长，开出小花　040

财经新人的"穿书"之旅··············马一鸣　043
　　初来乍到，竟穿越到古装剧　044
　　在困境中，步步向前　048
　　靠突击，消灭敌人　050
　　星辰大海，奔赴未来　053

一张特别的货币地图················张　帆　055
　　趟通22种货币的"变身"之路　056

不破楼兰誓不还

坐上顺风车，从30分钟到5分钟　059
艰辛而浪漫的土耳其之旅　062
一张特别的"世界地图"　065

我给业务当"参谋" ······ 王宇红　067
正心诚意，用专业打开一线的信任之门　068
手沾泥土，敢于说"不"　071
格物致知，学会与客户共舞　075
仰望星空，感恩生命中所有的遇见　079

在华为"画一根线" ······ 宁拂晓　081
全球第一张"不通过"的成绩单　082
在税制最复杂的国家"吃螃蟹"　084
消灭千万美元潜在风险　087
近在咫尺的爆炸　089
"挖"出数百万美元退税　091

丈量之路 ······ 小　量　096
飘荡中的梦想　096
旧梦萌发了新芽　098
炎炎夏日中的刺骨寒风　100
破土而出的希望　103
夏雨呼来醉彩虹　104
从庙堂之高到江湖之远　107

从"下厨房"到"上厅堂" ······ 徐紫航　109
从密歇根湖畔到印度洋西岸　109

从"下厨房"到"上厅堂"　111

　　我竟然是任总想象中的PFC　115

　　从一国到多国，从一个人到一群人　117

管好资金这件"小"事…………………………王　灿　120

　　8.36美元，为什么老是你　121

　　诡异的"16点风暴"　123

　　发票"消消乐"　125

　　一次艰难的币种优化　127

　　做好每一件小事　129

缪会计闯非洲…………………………………缪劲松　130

　　初见毛里求斯　130

　　第一抔土　131

　　那一年，终于能够独当一面　132

　　无论你来或不来，山，在那儿等你　135

　　阿比让的苍黄　137

　　第二抔土　137

　　"我们最后做到了！"　138

　　尾　声　141

做"牙好"的CFO………………………………李发鹏　142

　　为了进华为，我"花"了6000元　143

　　给我6个月，追回100万美元　144

　　比算数，我可没有输过　147

　　"我们脱贫摘帽啦！"　148

　　黄金48小时，我们保住了数亿美元　151

　　结　语　154

不破楼兰誓不还

狮子山下的 D 哥 ················ 章承钦　155

　　从搵一份工到干一份事业　156
　　从香港"飞出去"　158
　　奶茶配文档，好好味　160
　　从小池子到星辰大海　162
　　我的华为二十年　164

从导弹射手到融资操盘手 ············ 刘丰年　167

　　突如其来的"坏消息"　168
　　"急行军"，翻越第一个山头　170
　　转危为机，抓住稍纵即逝的机会窗　172
　　短兵相接，狭路相逢勇者胜　174
　　柳暗花明，"烂飞机"终于平安着陆　176
　　后　记　178

一针探乾坤 ···················· 吴　芳　181

　　你是来找人麻烦的　182
　　"风险探针"的威力　183
　　挖出 200 多万美元的"土豆"　186
　　我和大屏都火了　188
　　写在最后　189

马来西亚追梦十二载 ············ Low Sze Chee　191

　　乙方"翻身"做甲方　191
　　那个女孩，让我想到了我自己　194
　　找回我们的影响力　197

乘风破浪的资金数字化之旅……汪志华 201
  - 刚进华为，我便闹了个大笑话 201
  - 走进系统，我成了系统建设的主力军 203
  - 给系统装上"策略大脑" 206
  - 作战指挥中心诞生了 208
  - 数字化之旅，我仍在路上 211

在世界尽头淘金……戴静静 213
  - "寒流来袭"的阿根廷 214
  - 寻找机会，我主动当起了"媒人" 215
  - 三天两城六场路演，屡遭"灭灯" 216
  - 漫漫风雨谈判路 218
  - 千淘万漉虽辛苦，吹尽狂沙始到金 220

规则的"温度计"……田 丽 224
  - 500份制度文件，从混乱到有序 225
  - 1957个城市的"旅行"攻略 228
  - 暴风雨中的最后一道防线 230
  - 在问题中优化规则 231
  - 有刻度，有温度 233

一个CFO的南征北战……陆 曼 235
  - 穿着皮鞋"跑步"上岗 236
  - 来之不易的免税函 237
  - 在英国实现"小而美" 241
  - 后 记 243

不破楼兰誓不还

税务赛道上的"机械师"……… Walter Alex Pinna　245
　　第一杯咖啡，让我爱上这里　246
　　第一次编制财报，跨过"卢比孔河"　247
　　第一次税审，免除几十万欧元罚款　250
　　挡住税务局的一记"重拳"　252
　　长达16个月的艰难税审　254
　　做好税务团队的"机械师"　256

奔跑是人生最美的姿态——华为财经人的真心话……258
　　1. 你为什么来华为，为什么选择华为财经？　259
　　2. 加入华为财经，你的小目标是什么？　262
　　3. 你对华为财经的最初印象如何，最颠覆你想象的是什么？　264
　　4. 收到第一个月工资时你是什么心情，怎么花的？　267
　　5. 加入华为财经后，你最大的变化是什么？　269
　　6. 分享一件你在华为财经做过的最有成就感的事。　272
　　7. 加入华为财经后，你最大的收获是什么？　275
　　8. 你有过动摇或沮丧的时刻吗？是什么原因让你选择
　　　 继续留下来？　277
　　9. 你会推荐别人来华为财经吗？想对他们说什么？　279

什么是优秀的财经人才（序）

孟晚舟

白日不到处，青春恰自来。
苔花如米小，也学牡丹开。

三十多年前，华为财务部只有四个人，一个主管、一个出纳和两个会计，负责日常支出和员工报销。那个时候，没有IT工具，也没有流程要求，人拉肩扛，事无巨细。

二十多年前，华为财务部下面设置了一个新的部门——国际会计部，面向公司刚刚进入的海外市场提供会计核算服务。那个时候，任总提出了"以业务为主导、以财务为监督"的要求，鞭策财务组织努力延伸到业务的最前端，提供无处不在、业务所需的财务服务。

十多年前，数字化大屏开始出现在华为财务部的各类作战会议中，账务大屏、资金大屏、风控大屏和税务大屏等，财务作业活动所需要的数据和信息都会集成在这些作战大屏上。那个时候，业务和财务融合拉开了序幕，业财开始基于同一数据源展开各有侧重、相辅相成的管理活动，一目了然的数据、一令到底的执行，极大地提高了作业效率。

今天，90%的交易活动已经实现了会计核算的自动化，每人年均处理供应商发票1.6万张，员工报销平均付款周期为2天，资金作业的差错率10倍优于银行的平均水平，70%的财务员工聚焦在财务分析、政策解读、新场景和新机会的财务解决方案上。

时光荏苒，居诸不息。这些可圈可点的成绩，离不开财经专家们的一路领跑，带领团队在迷雾中寻找方向，更离不开财务工匠们的脚踏实地，踩实向前奔跑的每一步。

借这个机会，我想和大家聊一聊几位财务工匠的故事。虽从事着繁复且枯燥的基础工作，他们却能把每一项工作都做到极致；虽没有耀眼的学历或履历，他们却用一个个"零差错"和"满意度100%"，在各自的岗位上诠释着"优秀"的定义。

符合岗位需求、持续绩优、不断进取的员工，就是我们所需要的优秀人才，虽不事张扬，却把他人点亮；无须惊天动地，一样值得颂扬。

1. 练就火眼金睛的合同全检会计

毕业于湛江市技师学院的庄丽莹，是合同全检团队的一员，从 2019 年开始，她累计验证两万多单合同的比对任务，拦截了数百万美元的错误付款风险。在实践的"八卦炉"中，她练就了一双"火眼金睛"。只要看到多个同样金额的采购订单，她就会去寻找更多的线索来分析和判断是否存在重复合同——有些是人工作业差错造成的，有些是系统集成失败造成的。如此日复一日的烦琐验证工作，不仅没有消磨掉她的热忱与敏感，反而把她磨炼得格外仔细与耐心。

毕业于湖南交通职业技术学院的钟春燕，负责终端物流的全检工作，年全检报价超 24 万行，日检查量超过 1000 行，差错率为零。在系统方案变更后，她更是深入学习系统逻辑，对全检作业提出了优化方法，将月均检验量从 25 万行降低至 2 万行，作业效率得到了大幅提升。

她俩只是合同全检团队中的两个代表。这支由 40 人组成的队伍，日常工作就是对海量的合同数据进行日复一日的核对。仅采购领域的合同全检年均处理量就超过 8.4 万份合同，覆盖全球近 5 万家供应商，支撑年度近 1000 亿美元付款的准确通过。作为 IT 系统中的第一个环节，团队中的每一个人对数据准确怀抱着始终如一的敬畏心，因为他们知道，他们是每一单付款能够正确执行的起点，是后端所有作业活动高效率、高质量完成的基石，更是每一份契约能够如约交付的护航者。

2. 不让错误发生的应收核算会计

毕业于西南民族大学专科的袁义，是从事到款录入业务的一名员工。她每天都需要将银行账单上的信息进行转化,在会计系统的12个字段中准确填写。每天,她至少要录入2000多个字段,年均处理交易3万余笔,做到了连续十年零差错。

毕业于四川财经职业学院的唐倩岚,十年如一日坚守在应收核算岗位上。在海量的到款中,她针对不同客户,通过邮件、银行水单、客户网站等多渠道获取到款明细,然后在付款主体、客户信息、发票金额、币种等核对一致的基础上,完成应收账款的核销处理。同时,她还要依据合同汇率条款、现金折扣条款、融资费用条款、客户代扣税规则等核对客户/银行付款信息准确性,针对错误或风险问题,及时预警一线跟进,确保货款颗粒归仓。

和袁义、唐倩岚一样的,还有几十名平均在岗年限11年以上的应收核算专员。他们负责华为全球绝大部分业务的回款录入与核销工作,作业内容覆盖全球近2000家客户、1000多个账户,年均处理1000多亿美元的到款录入和150多万张发票的核销。

"心心在一艺,其艺必工;心心在一职,其职必举。"应收核算专员们对客户的付款习惯早已了如指掌,能够从浩如烟海的对款信息中提取关键要素,从到款来源、对款质量、对款效率等全方位进行考量,最终把每一笔客户回款准确地核销到应收发票上,将一线打回来的"粮食"准确、及时、完整地记录入库。

3.守护资金安全的日清日结对账专员

华为在全球有200多个子公司,公司的资金在全球数千个银行账户中不断流动。资金管理部的100多名银行账户的对账专员，人均负责50至100个银行账户的对账工作，每个账户涉及上百条乃至百万条的数据。

毕业于湖南工学院的蔡慧，精通银企和电商对账。她负责对账的账号数量约200个，她的责任是在每个工作日结束时，确保银行的资金变动与我司发出的指令一致。在日复一日的工作中，她累计上报的对账差异500多个，涉及问题金额约7000万美元。被问到有什么秘籍时，蔡慧说："我很认同一句话，要干好日清日结，首先必须热爱这份工作，把公司账户当作自己家的账户。"

也许有人会问，难道银行传递过来的数据会有错吗？对这个问题，每个对账专员都可以如数家珍地提到那些她们发现过的资金风险：某银行将发生额的借贷方记反，间接造成数十万美元资金损失；某银行将债券币种记错，导致债券价值直接减少上千万美元；某银行少记录了9笔定存，金额约11亿人民币；某银行通知存款支取时，错按活期利率0.3%计息，导致少计付利息2701万元人民币；某银行对一笔供应商的付款指令执行了9次，造成公司资金损失31.82万美元……

"资金无小事"的信念，早已深植于他们的内心。

在普通人的理解中，日清日结的对账工作，就是对着银行账单核对我们的收款或付款信息，就像我们自己每月核对信用卡账单一样，似乎很简单、很普通，其实不然。首先，华为的资金交易量尤为庞大，高峰时期一年的资金流量是20万亿人民币；其次，华为的新业务、新场景、新模式层出不穷，只有极为熟悉公司的每一个业务场景，才能掌握其所对应的资金流转活动的关键动作、承载系统和数据特征，也才有可能做好对账工作。

经过长期的学习、实践、积累，这群资金对账专员变身为发现资金风险的"柯南"，通过"扳道岔"、亮起"红黄信号灯"，从源头上卡住任何可疑的资金"减值"风险，数十年如一日地守住资金安全大坝。

4. 支撑员工流动作战的 SSE 会计

费用报销是一项与华为全球 20 万名员工息息相关的工作。报销热线的会计负责员工日常咨询的答疑、协同行管出具解决方案；核算会计负责单据审核及入账处理，审核报销单据的制度遵从性、票据合规性和权签有效性，以及费用类型、票据金额、币种和申报汇率等关键信息的准确性。

由 64 名专业岗员工组成的费用报销团队，年度处理热线咨询 100 万人次、员工报销单 160 万单、年度支付金额 15 亿美元。逐字核对付款信息，逐条核对流程遵从，他们深知，"魔鬼永远藏在细节之中"。

毕业于湖南涉外经济学院的大专生孙伟，在 SSE（员工自助报销系统）核算会计的岗位上已经工作了 11 年，每年核算发票约 1.1 万单，连续零外部差错，并且在会计复核环节拦截问题发票共计 195 笔，拦截约 310 万元人民币错误资金的流出。

毕业于皖西学院的姚莉萍，年核算发票约 9 万张，金额约

1.5亿人民币，会计处理及时率100%，连续6年无任何内外部差错。同时，作为全球突发事件的接口会计，她24小时随时待命，快速、高效支撑业务申请应急资金及费用报销。

念兹在兹，黾勉从事。这样一群可爱的人，虽身在后方大本营，却可以跟着发票去"旅行"，以长期专业的服务、娴熟的技艺支撑着全球员工的流动作战。他们恪守实事求是的原则，像着魔一样磨炼技能，确保费用报销金额分毫不差；他们心细如发，不放过任何蛛丝马迹，只为还原一本清楚账。

5.唯有匠心，不负光阴

岁月长河的一点一滴都是回忆。在公司起步的昨天，他们"小米加步枪"地蹒跚着走出混乱和迷茫；在数字化转型的今天，他们将自己的经验转换为一张张蓝图、一个个设计、一个个应用。

奋斗诗篇的一笔一画都是感动。他们在流程化的岗位上长期"守碉堡、打地基"，勤勉务实地筑造着"铁打的营盘"。他们用微不足道书写着千钧之重，用细枝末节的质量保证支撑着枝繁叶茂的业务拓展。他们不骄不躁，栉风沐雨，在各自的岗位上散发着全部的光与热，用青春和汗水、梦想与坚持书写着"优秀"的定义。

漫漫征程的一朝一夕都是精彩。"以业务为主导，以财务为监督"仍然是我们的责任担当，"一切围绕作战，一切为了胜利"依然是我们的作业追求。

仰望星空，我们将精益求精化作逐梦的指引，百花齐放。

脚踏实地，我们以严谨细致作为不变的初心，扬帆在途。

并非站上山顶才能够被看见，不是只有伟大才值得被歌颂。

每次出发，每次抵达，成长就在点滴奋斗中；背朝灯火，面朝星光，一样能走出非凡之路。每一个平凡岗位的不凡，每一份专业价值的交付，都能交织出隽永的感动，绽放出耀眼的光芒，积蓄为前行的力量！

任人各以其材，人人尽展其才，就是优秀人才。

不破楼兰誓不还

驼铃,清脆了大漠

黄 媛

如果用一种动物形容自己,你会选什么?

我的答案是:骆驼。

见过我的人一开始听到这个答案,觉得有些不可思议:"你这副小身板,怎么会是'骆驼'?"

如果没有三年前开始的那段经历,我的答案可能会完全不同。

2019年8月,我第一次踏上中东,前往伊拉克和客户对账,从此和中东这片热土结下难以割舍的缘分。在中东的大漠黄沙中,骆驼是最普通也最为特别的存在。它们总是沉默地、稳稳地、无畏地行走于漠野中,一步一个脚印,走向梦想的绿洲,走向希望的远方。而我,想成为这样的"沙漠之舟"。

客户说这是华为发来的最专业、最清晰的对账单

"愿意去伊拉克出差吗?把代表处所有账务模块管理起来。"2019年7月,主管问我。

这是我来华为的第四年。彼时的我是深圳账务共享中心中东两个国家AR(应收账款)、存货、收入等多模块核算团队的负责人。管理所有账务模块,是主管对我的信任,也是一次全面锻炼的机会,更是为我的CA(总会计师)梦做铺垫,我毫不犹豫地点了点头。

"怕不怕?"主管又问。说真的,我并不害怕。可能是好强吧,我总觉得,那么多同事在伊拉克,他们都可以,为什么我不可以?而且,我从不害怕挑战,当机会出现时,我只想牢牢抓住它。

10月,我启程前往巴格达。之前还没有账务女生去巴格达和当地客户直接对账,主管担心我一个女孩子不太安全,刚巧有个男同事也要去,我俩便结伴而行。

下了飞机,扛着长枪的安保人员开着安保车来接我们,一见面先递上两件八九斤重的防弹衣,前面还有一辆安保车护航。电影大片里才会见到的场景,这回是真的发生在了我身上。

从机场出来,我们上了车,谁也没说话,气氛有点紧张,但我心里却有一点小激动,我终于来到传说中的巴格达了!因为战乱不休,四处都是断壁残垣,破败不已。约莫三十分钟后,我们抵达代表处在巴格达的办公点。办公点是一个院子,院子四面是高约三米的围墙,上面布满了铁丝网,铁丝网上装着摄

像头,荷枪实弹的安保人员二十四小时值守,如同铁桶一般,保护着大家的安全。中方厨师在院子里还单独开辟了一块小菜园,种着上海青等蔬菜。唯一的休闲设施是一个篮球场,据说每天晚饭后一部分人打球,一部分人就在篮球场边遛弯。

我是当时在巴格达的唯一一名中方女员工。一切安顿下来后,第二天,我立刻请财务经理帮我约客户直接对账。

对账签返需要AR验证,即我们与客户就双方的应收应付款进行验证核对,确保公司应收账款准确,并能及时回收,同时了解客户PTP(采购到付款)流程和我司LTC(线索到回款)流程,因此AR会计也成了会计里和客户接触最多的人。对账验证一向都是难点,事关客户的意愿和双方入账的逻辑、发票量等,但幸好前几年历练下来,我对客户关系已经有了一些认识,明白唯有专业、真诚才能打动客户。

这一次,巴格达之行,我也做好了准备,要全力完成对账签返,澄清差异,助力回款,从根源上解决验证和核销问题。

客户是Z集团在伊拉克的子网,与华为合作多年。我第一次拜访客户财务总监时,他很重视:"你是这么多年来第一个踏入我办公室的中国女性,我会安排财务经理和你们对账。"

这似乎是一个好的开头,但当我刚打开账单,客户财务经理就连番吐槽:"你们的对账逻辑和我们不一致,没法对。""这是你们华为内部的问题,与我们无关。""发票核对量太大,我们没有时间。"驳得我满脸通红。

我明白和客户硬"杠"行不通,于是向客户表达诚意:"这是我们第一次面对面对账,我们不太清楚逻辑会导致对账不一致,这似乎对你们不是特别友好,我们希望捋清楚,做出一份让你们满意的对账单。"客户态度渐缓,提出了五条意见,我回去后把每一张发票按客户的需求分门别类进行整理,通过分析得出结论。但当我第二次再约客户时,客户就不见我了。

无预约不能直接硬闯客户的办公室,可是事情不能久拖不决,我决定到客户楼下碰碰运气。但是客户不想见我,推说他在开会,我无功而返。我不甘心,又去了一次。这一次客户下楼见了我,却再一次拒绝对账,让我回去。连吃了两次闭门羹后,第三次我选择了"曲线救国",让客户经理带着我和PFC(项目财务经理)上了楼。但客户还是说很忙,我就找了一个茶水间,特意坐在客户能看到我的地方,一边干活一边等他抽出时间来见我。等啊等,等了两三个小时,等到他快下班时,客户终于出来跟我说:"我们可以一起看看这些发票。"

看完我修改后的对账单,客户说:"这是华为发给我们最专业、最清晰的对账单。"客户很忙,并没有太多的时间给我,每次我都努力抓住一切机会和他当面核对一部分。就这样,一点一滴地"磨",对账终于接近尾声。

暴乱之后的坚守

这期间还发生了一件事,火箭弹袭击了巴格达。

那天晚上正在办公室加班的我,突然听到了警报声,代表处通知说收到消息,局势会恶化,将安排包机撤离。慌乱无比的我跟随人流从办公室跑到了院子里。代表处给每人发了一件防弹衣，说大家上去收拾东西，十分钟后集合。第一次遇到这种场面，我很害怕，拔脚冲回宿舍的路上还在胡思乱想，我要是彻底出不去了怎么办？要是半路被拦截了怎么办？

回到宿舍，我也没多想，把衣服等一股脑儿地胡乱往箱子里塞，之后满头大汗拎着箱子往楼下走。不知道是箱子太重，还是吓得腿软，我根本跑不动，心里还在埋怨自己：怎么买了这么大的箱子！好不容易再次回到院子里，惊魂未定时，我却听到代表处说："这是一次撤离演习。但如果真的撤退，不要拿大箱子。"这不是在说我吗？真"囧"。再看周围，可能也是来出差的几个男同事，拎的箱子比我的还大。安全顾问告知大家："这种时候拿上证件、电脑和钱赶紧撤，其他的都不重要。"

尽管只是一次演习，但我第一次真正感受到了局势的紧张。没几天，巴格达突然发生暴乱，客户不上班了，我们也不能出门。我很着急，不知道暴乱会持续多久，对账还差一点就完成了呢！

我发邮件问到了客户的社交媒体联系方式，之后每天都会问一声早安，希望他和他的家人一切安全，偶尔还会聊聊天。那几天，每天都能不间断地听到枪声，有时候半夜我还会被不知从哪里突然响起的枪声惊醒。主管很担心我的安全，希望我先从巴格达撤离，但我还不想走，我想走完这万里长征的最后一步。

等到局势好转、客户上班的第一天，我和财务经理、PFC立刻直奔客户办公室。这一次，我们坐下来一起对完了账，核对清楚了每一笔历史发票，客户也同意支付过往漏付的部分。

驼铃，清脆了大漠

但是我还有更大的"野心",我想和客户建立起良好的远程对账机制,这样我们的 AR 会计不用再到危险的地方出差就可以核对清楚每一张发票。

可能是经过暴乱期间的互动,客户非常友好,打开了他们的账务系统,向我们说明了他们的系统的复杂逻辑。我们把所有的疑问都抛了出来,趁此机会落实了远程对账机制,实现了我们和客户的双赢。

我给自己定下"331 计划"

2020 年 8 月下旬,我来到黎巴嫩常驻。当时,首都贝鲁特刚经历了震惊全球的港口区大爆炸,局势动荡,办事处人员大部分撤离至约旦,只留部分必要人员坚守。因为疫情、宿舍搬迁和办公室退租,从 11 月开始,我开启了在酒店五个多月隔离办公的日子。

作为 CA,面临的第一大挑战就是财报审计。

对账务人员来说,在每年的 3 月 31 日(北京时间)前,我们获取第三方机构审计师"标准无保留"的审计意见后,支撑我司完成审计和发布报告,是华为财经人的终极目标。"标准无保留"也意味着华为的财报总体上是公允可靠的。但从 2019 年起,黎巴嫩国内局势持续恶化,政府外汇储备不足,加之 2020 年初席卷全球的疫情影响,导致 2019 年的华为财报审计面临重大挑战,这里是全球仅有的几个延迟到 5 月底拿到财报审计意见的办事处之一。

我清楚地意识到，2020年黎巴嫩国家债务违约、爆炸事故、政府集体辞职，黑市汇率一路狂飙、居高不下，通胀率已高达100%，再加上该国第一年出现外汇匮乏，当地经济会比上一年更困难，对财报审计来说，要想高质量地获得通过只会更困难，甚至有对财报进行恶性通货膨胀（以下简称"恶通"）重述的可能。但我给自己定下了一个"331"计划：一定要在3月31日前顺利通过审计。

在复盘2019年财报审计过程时，我们发现首要的是和审计师提前对表，做好风险应对预案，建立互信。我组建了审计攻坚小组，提前识别出多项风险事项，并倒排时间表，制定了一份与审计师沟通的日程表，几乎详细到每一天。但审计师一开始并不"感冒"，甚至有些抵触，在连续几次拒绝我的会议邀请后，我意识到自己工作方式过于激进了，遂立即改变策略，约他吃饭聊天"破冰"。在轻松愉悦的氛围中，我们约定，我们的会计和他们的审计助理每天沟通进展，我和他每周只沟通难点问题，问题无法推进再升级至CFO（首席财务官）和合伙人。分层分级的管理，既释放了他的时间，又能把问题及时闭环。

这是一次又一次在专业上过招，一次又一次互相理解和认同的过程。我们在很多问题上无法达成一致，包括在多重汇率中（4种）如何选择核算汇率、功能货币，选择本币还是美元财报才公允，要不要做"恶通"的报表重述，怎么提高审计的效率等。

拿功能货币的选择来说，审计师认为，华为的销售合同中的报价、开票、回款均为美元，银行存款基本都是美元，采购中一大半是美元，那么主要影响销售价格的货币为美元，财报

驼铃，清脆了大漠

核算的功能货币应该选择美元。而我们采用黎磅作为功能货币，我们认为，我们处于主要以黎磅来交易的经济环境，以美元签订合同只是为了保护汇率，且基础交易、事项并未发生变化，不应为了避免"恶通"报告重述而切换功能货币。

双方一度僵持不下，我们决定从市场中寻找答案。我和财经同事跑到加油站、超市、商店看当地主要交易的币种，收集房地产公司销售资讯，发现当地主要流通货币还是黎磅。我们再把交易打开分析，黎巴嫩子公司以服务销售为主，成本主要包括人力、采购、结算成本，其中采购成本中黎磅约占50%；再把人力成本打开，中方员工薪酬和本地员工的奖金，是以人民币评议，再转换成美元，所以对销售价格起决定作用的货币并不明显指向美元，而是混合型。由此，按照国际会计准则，功能货币不明显的情况下，由管理层判断以确定功能货币。最终，我们通过专业调查后的结论说服了审计师。

过山车般的最后一天

PK、澄清、接受、再PK、澄清、接受，这样的状态持续了五个月，加之我每天都是一个人在不足二十平方米的空间内活动，一睁眼就是坐到电脑前，直到夜深人静时合上电脑躺回床上。时间久了，我感觉自己像一只囚鸟，压抑、憋闷、焦虑的情绪常常爬上心头，神经紧绷，压力巨大，几乎每天都睡不着。我只希望问题少一点，事情进展能顺利一些。但直到3月，还有很多分歧未达成一致。可能审计师也是一个"纠结"的人，这期间发给我们四五版审计意见草稿版,却总是在我们澄清一个事项后又会提出新的待澄清的事项。直到北京时间3月31日下午,审计师还有新意见:不应该重述法定盈余公积科目。依据会计准则,除了留存收益外其他报表项均需重述。审计师认为,法定盈余公积是从留存收益中提出来的,不应该重述,但是我们做了。

我蒙了,内心很崩溃,要是不重述,就要重新调整财报,肯定不能在3月31日前拿到审计报告了,而且这不就是说我们的财报方案不准确吗?主管宽慰我,尽力而为就行,可是我很不甘心:努力了这么久,终于扛到这一天,眼看胜利在望,如果重来,那所有努力不都白费了吗?我绝不放弃!

我强迫自己冷静下来,开始有条不紊安排接下来的事项。先是火速和会计政策中心的专家沟通,我决定坚持我方意见。表面上看,留存收益不需要单独重述,但是在资产负债表中,资产包含所有者权益和负债,留存收益属于所有者权益,确保恒等,所以本质上留存收益也是被重述了,只是通过别的报表项重述来实现自己的重述。而法定盈余公积一开始就和留存收益分开了,是单独的报表项,如果不重述就相当于没有重述过,那这块就是缺失的。心里有底后,我立即打车前往审计师办公室进行论证沟通,并等待审计机构内部的讨论结果。

等待是漫长的,时间一分一秒划过,我总疑心,它走得太慢,不然怎么还没收到回复呢?等待又是短暂的,离北京时间3月31日24点不到五小时,审计师回复定稿意见后,我们内部还有一系列审批确认的流程要走。我赶紧联系每个流程节点上的同事，请他们务必留出时间给我。

经历两个小时的焦灼和煎熬后，北京时间晚上9点，我终于等来审计师的终稿意见：标准无保留！随后我们立刻启动内部校验。在全营一杆枪、如行云流水般的高效协同运作下，23:30，我们顺利获取签字版标准无保留的审计报告。

终于，一切尘埃落定。我们达成了目标！较上年提前58天完成法定审计。

一直紧绷的心终于放松下来，我一下子瘫坐在电脑前。结果来之不易，我以为我会激动得欢呼，甚至哭一场，然而什么都没有。思绪复杂，有疲累后的短暂放空，有坎坷磕绊后的酸楚苦涩，有目标终成后的小幸福，但更多的是拼尽全力后的平静和淡然。

写在最后

2021年4月，我被调任海湾北（卡塔尔、科威特、巴林）代表处CA，踏上新的征程。从昔日的"中东小巴黎"到波斯湾岛国，从负责一个代表处到三个国家、八个系统部的账务，从解决单点的问题到更全面地建立海湾北的账务全景图，从独当一面到做"布道师"，我带领账务团队前行。组织不断给予我成长和挑战自我的机会，我也借助华为财经这样务实、专业、精深的大平台，一步一个脚印，不断夯实自己的专业基础，培养多元化的能力，成为更强大的自己。

同事说我看似瘦小，但其实很坚韧，我似乎有用不完的能

不破楼兰誓不还

量。我也希望自己像骆驼那般在安静中有着不慌不忙的坚强，用专业诠释价值，用韧性克服困难，竭尽全力，一往无前。

漠漠沙堤烟，驼铃入梦来。我期待着有朝一日，骑上骆驼行走于漠海，伴随着清脆的驼铃声，越过一座座沙丘，抵达心中的那片绿洲。

（文字编辑：肖晓峰）

一场"无声"的较量

徐 锐

税审组长给我下了逐客令

"你不用再来了,税审退出会议已经开完了,下面就是我们签发税审报告的阶段了。"2021年9月的一天上午,当我刚推开E国国家税务局税审办公室的门时,迎面而来的便是税审组长冰冷而充满拒绝的声音。

9月是E国一年当中最冷的时节,税审组长的一席话更像是凉风中突降的一场冰雨,让我很是灰心丧气。

2021年3月,我们收到E国国家税务局对华为在该国子公司2017年至2020年这四年税务的审查通知。税务审计是行政主管机构对纳税人的财务情况进行审查,检查企业是否有税法不遵从行为,如偷逃漏税等,简称"税审"。多轮沟通后,我们了解到，国税局对当地多家大企业发动了税审，还有征收税金的目标。为了改变过往被动应对的局面，我和我所在的团队首次采用主动出击的方式进行税审抗辩，从4月开始主动前往税局，提前澄清税局的疑惑，并预判税局的审计方向。作为代表处税务经理，每一次抗辩我都会在现场，直到这次与税审组长见面。五个多月时间里，我们前前后后跑了近两百次，几乎每个工作日都是这样。我们甚至和税务局"培养"出了一种默契，彼此之间的对话非常坦诚，直截了当。

如果真的等税务局签发了税审报告，即使我们后续再想抗辩，大概率只有起诉这一条路。但这样一来，不仅公司很难有翻盘的机会，起诉的行为也必然会被公开，一旦被主流媒体报道，华为就可能会被贴上"偷税漏税"的标签……这一系列的后果可能会产生多米诺骨牌效应，这是我无法接受的。

我不敢再往下想。

按下内心强烈的挫败感，我深吸了一口气，让自己很快冷静下来。虽然税审组长下了"逐客令"，但我还是不卑不亢地提出了自己的质疑和反驳："税务局的初稿报告上还有很多问题并没有澄清完毕，澄清完毕的事项也还没有移除，这样一份报告怎么能使专业的纳税人信服呢？"

"我们从华为的客户那里也获取到你们支付给客户的票据，这部分涉及X百万美元的税金（未缴），对此你们又能怎么解释？"税审组长指着一份文件问我，语气颇为不满。

我立即意识到，这是他精心准备的"撒手锏"。我们来回沟通了五个月，他一直没有提出来，等到税审报告要交了，突然

"放大招"，要开罚单，这简直是临门一脚的"暴击"啊！

不过，我心里并不慌，我们早已做好了准备。这四年的交易数据有几万条，税务局会从客户、供应商处获取数据进行反向检查，我们不知道税务局会从哪个地方入手，所以最稳妥的做法就是把这四年的所有数据一一核对清楚。团队六人找了一间小会议室封闭办公，分工合作，两名中方员工先梳理分析逻辑，四名本地员工根据年份按月重点分析客户付款与华为收入之间的差异，以及客户付款与华为回款销项税金申报基数之间的差异，不断总结，修正迭代。我们花了整整一周的时间，在数据的海洋里找到了预付款、合同变更等导致所有差异产生的原因，一一做好了分类，并准备好了纳税底稿。我们深知，唯有一切尽在掌握中，才能抵挡住可能会来的风暴。

"这个数据我们可以澄清。"我淡定地回复。

"你们可以进行澄清，但是必须限定在今天，还要提供相关的支撑文档。"税审组长说。

在他看来，几万条数据，当天就要澄清，简直是天方夜谭。但是他不知道的是，这句话可谓正中我们下怀。

"我们已经准备好了，随时可以开始澄清。"我胸有成竹。

税审组长望着我，眼神中充满了不可置信的神情。但一言既出，驷马难追，我们约定下午就开始澄清。

下午税务局刚上班，我便打开自己的电脑，打开过去四年近万条的回款数据，开始逐一核对他手里的税务局底稿。对完一个月的数据后，对方没有发现我们的任何问题，每一条我们都能说清楚。我又主动请税务局指出需要核对的月份、发票，并一一做了澄清。税审组长目光中渐渐露出震惊和赞许之意，我看出他应该是信服了华为税务团队的专业能力，于是乘胜追击，开始对其他事项进行澄清，并按前期结论对已澄清事项进行移除。

我们的诉求得到了他的支持，当天直接移除了 X 百万美元有问题的税金。但事情到这里还远远没有结束，我们又针对诸多不清晰的事项，要求国税局给予我们更多的时间进行澄清。

基于 E 国税法规定，如果纳税人对于税审退出会议上的内容存在较多疑问，可以提出澄清的要求，税务局可给予纳税人 7-15 个工作日不等的时间来进行抗辩。我还在想要怎么和税审组长争取 15 个工作日的澄清时间，令人有些意外的是，还没开口便听到他说："考虑到目前我们列出的很多事项没有真实的文档支撑，但你们华为非常专业，我们决定给你们 15 个工作日。"

15 个工作日再加上期间的节假日，预计一个自然月的税审抗辩时间？！我的天，这幸福简直突如其来啊！随后我们趁热打铁，再接再厉，最终在接下来的一个月内，把税审报告最初的罚款金额移除了 80% 以上。这意味着基本上达成了我司在年初制定的目标，并且一举推翻税审历史的基线。

80% 就够了吗？不，我还想再努力一下

我司期望的 80% 的目标达成了，我心里的石头落下一半，五个月的努力总算没有白费。但这样就够了吗？看到税审报告上还存在比较明显的错误，以及抗辩多轮依旧没有移除的事项

时，我内心还是很难说服自己就此罢休。

我问自己：80%就是我们可以争取到的最大利益了么？这里面就没有一点空间了吗？一个专业税务人的价值是什么？如果华为是我自己的公司，我是不是也会到此为止？

作为一个专业税务人，我需要做到依法纳税，能专业面对税务局提出的各项质疑，并在税审中获取对未来税法规则的确定性，进而与税务局达成共识，指导未来作业，实现长治久安。通过一系列策略和技术抗辩，我们希望将税务局质疑金额持续降低，坚持抗辩，移除不合理或错误的金额，而且需要退的税务资产，是我们本身就享有的权利，税务局按规则也要给我们纳税人澄清的空间。

我决定再去找税审组长，没想到碰了"钉子"——"我不理解为什么你还要再来？作为一个在E国纳税前三十的国际企业，你和同等规模企业要补缴的税金都不是一个量级了，甚至算下来，税务局最终还要退税给你们，为什么还要来呢？"税审组长不理解我们为什么还要继续澄清、抗辩。

"我们要确保每一个事项都是遵从税法、可接受的。"我如是回复。哪怕金额小，事项多，只要存在明显的不合理，我们依然要穷追到底。

2021年10月9日，星期六，我永远记得这一天。这是一个月抗辩期限的最后一天，税务局只需上班到11点。我们从早上一直在为更好的结果争取、抗辩，不愿意在不合理的事项上妥协。过了11点，我们依然不愿意离开，税审组长开始表现出烦躁和不耐烦。我诚恳地对他说："中国有一句古话，'不打不相识',这五个多月,我们基本上天天在一起抗辩,我们就算不是好朋友,也是比较熟悉的人了,将心比心,希望您能予以理解。"消除他的抗拒情绪后,我把有疑问的事项拿出细致的文档逐一佐证。可能也是之前不妥协的形象给他留下很深印象,税审组认真听取了我们的澄清,并认可了我们的坚持,最终税审以远超预期的金额定稿。

临走前,税审组长对我们说:"这次税审这么多企业,你们是唯一一个积极响应税务局提问、持续给予专业澄清的公司。很多问题你们反复给我们多名工作人员解释,这种精神,真的让人打心底里佩服。"

走出税务局大门已经是下午两点半。一场跨度四年、历经七个月的税审终于在这一天获取结案报告,尘埃落定。总计关闭成本为XX万美元,相较于税局第一版报告金额下降了97%,相较于上一次两年的综合税审金额下降了93%。

这一结果不仅奠定了华为在当地成为优秀纳税人的形象,依法合理纳税水平超出绝大部分在E国运营的跨国企业,获得了该国财政部顾问的首肯——"华为与很多企业不一样"。这也全面关闭了我司风险的敞口,为华为子公司在当地持续开展业务打下了良好的基础。

每一次较量都是无数次挫折后的绝不言弃

得到这个结果后,我和小伙伴第一时间和项目组分享了这个令人激动的好消息。当天,项目组还办了一个简单的"庆功宴"，去当地的中餐厅吃了一顿烤鱼。在庆功宴上，我们回忆着上百次抗辩的点点滴滴。

——依然记得，在无数次抗辩没有明显进展后，在返回办公室的车里，车内鸦雀无声，每个人望向窗外，默然无语。

——依然记得，在抗辩最激烈的时候，适逢国庆节和中秋节办事处举办的晚宴，我们整个税审项目组成员的心情都跌到了谷底，食之无味，沮丧不已。

——依然记得，在税审报告初稿刚出来的一周，我每天闭上眼睛就是报告，脑子里想的唯一一件事就是什么地方还可以再移除一点，什么地方还可以再争取，不知不觉就想到了凌晨，睡了几个小时后，又出发去税务局。

……

从一开始被税务局拒之门外到后来相见恨晚，从澄清不被接受到慢慢理解我们的逻辑，从不信任到逐渐认可我们的专业……每一次较量都是无数次挫折后的绝不言弃，每一点移除都是一次又一次的锲而不舍、绝不妥协。

每一粒种子终将破土而出，迎来希望的春天。此时的我，握着手里的税审罚单草稿版，看着那串美好的数字，更坚定地奔赴星辰大海。

（文字编辑：肖晓峰）

一个倔强的老太太

段 戎

我是青岛人,在青岛度过了二十多年的求学时光。那是一座啤酒之城,大街小巷都能买到清爽的扎啤,随口一声吆喝,小贩就会手脚麻利地挂上塑料袋,拧开酒桶上的龙头。随着凉丝丝的啤酒倾泻而下,绵密的泡沫汩汩地冒上来,空气里弥漫着麦芽的香味。

后来,去美国工作生活后,我喝得最多的变成了咖啡。不论在家里、办公室、咖啡馆,还是路边的自动售卖机,我执着于简单的美式,不加糖或奶,任凭微酸带着焦香扑进口腔,舌根的淡苦和舌尖的微甜交织、纠缠在一起。

这两种截然不同的风味,构成了我性格的底色——豪爽直率,简单倔强。在很多对外交流的场合,别人会给我贴上很多浓烈、鲜亮的标签,比如"华为财经首席数据科学家""美国史蒂文斯理工学院博士""AT&T（美国电话电报公司）实验室二十多年工作经验"，可我最常用的自我介绍是"一个倔强的老太太"。

首先，我已经到了知天命之年，在华为一众蓬勃的年轻人中，已然可以被称为"老太太"。说倔强，是因为我这人"一根筋"。2017年加入华为后，在参与财经AI（人工智能）探索的五年里，我一直很坚持自己的技术理念，也不怕得罪人，慢慢地，可能也变成了别人口中那个有点"倔强的老太太"。

一杯咖啡，从美国喝到了华为

1996年，当我第一次踏入AT&T实验室的时候，因为兴奋，手心微微有些冒汗。大厅里，悬挂着一排以木板为底的诺贝尔奖得主的铜质头像，特别壮观。

它的前身是久负盛名的贝尔实验室。自其成立的半个多世纪以来，贝尔实验室一直是全球最具创新力的科研实验室，许多沿用至今的发明，如晶体管、太阳能电池、通信卫星、C语言、UNIX操作系统等均诞生于此。虽然由于组织拆分，贝尔实验室被一分为二，但我入职的时候，我们都在位于美国新泽西州莫瑞山的办公楼一起工作，AT&T实验室也继承了其自由开放的创新氛围。

入职后，我发现身边的大神们遍布各个专业：生物、化学、物理、心理学、经济学，还有学哲学的。在这里，没有人给我们设置KPI（关键绩效指标），布置什么具体任务，每个人都是自发地思考自己可以为这个领域做点什么，很多项目都是大家坐在一起喝咖啡聊出来的。

茶水间是大家分享点子、互通有无的地方。最初配备的是带加热器的普通咖啡机，然后是一系列功能更完备的浓缩咖啡机和磨豆机。同事们每天多次来这里喝咖啡，聊聊工作、生活，也会提到自己正在做的研究。记得有一阵子我在烦恼"数据质量"的难题，觉得无处入手。一位数据库大神在茶水间里听了一耳朵，一边搅拌着手中的咖啡，一边不紧不慢地对我说："我在组织一个星期二的讨论会，也许对你会有帮助，你要不要来？"果然，后来的交流对我的启发很大，让我少走了很多弯路。

在 AT&T 的二十年间，我一直在和数据打交道，从数据集成到质量控制、前台应用，再到数据挖掘，就像是一块磁铁滚过一路铁屑似的，不停地吸取知识。就在我以为会继续这样工作下去的时候，一杯咖啡改变了我的人生轨迹。

那是 2016 年，在一次学术会议中，我认识了华为无线大数据实验室的负责人。一杯咖啡下肚，他邀请我去参观，并询问我对华为的数据分析工作是否感兴趣。虽然那时我并未做好准备，委婉地拒绝了，但一切已埋下伏笔。又过了一段时间，华为数据管理部部长、质量与流程 IT 首席数据官马运找到我，向我描述了在华为总部工作的场景，再次诚恳地邀请我。他说："华为有海量的数据，你加入我们，就可以进入到任何领域，这是一个开放的广阔天地。"这一次，我动心了。

在原来的公司，我更多接触的是单点的业务场景，是基于收集到的数据来做建模，时常会出现"巧妇难为无米之炊"的窘境，而华为要做数字化变革，是从系统、全局的视角出发，我有机会自己定义所需要的数据，自由地挖掘数据宝藏，这样的机会充满诱惑。

此时，我的家人给了我最坚定的支持。我的先生和我分享了他对于华为的印象和感受。他说："这是一家伟大的公司，拥有着最丰富的场景和庞大的数据，你一定可以发挥自己的价值。"我的两个女儿也鼓励我说："妈妈，如果你不想过一眼望到头的人生，就抓住这个机会吧，去试试吧！"

于是，2016年12月21日，我永远记得这一天。我从美国回到中国深圳，第一次走进华为总部。正值午餐时间，涌动的人潮朝着食堂的方向走去，冬日的暖阳下，每个人看起来都是那么朝气蓬勃，神采飞扬，一幅赏心悦目的画面。我内心止不住地兴奋：华为，我来了！

"这杯咖啡，太值了！"

最初我加入的是数据管理部，对口支持财经领域的AI探索，后来才正式转入因华为财经智能化而生的冯·诺依曼工作室。

刚入职时，部门邀请我去公司的专家大讲堂讲课。那时，我看到国内对大数据推崇备至，几乎把大数据和AI画等号，而忽略了技术的演化途径和积累的重要性，于是我有感而发，想谈谈自己的理解。

不破楼兰誓不还

我以东西方文明类比 AI 发展的两个阶段，第一个阶段类似西方文明，讲求的是结构与逻辑，对待 AI，要先把人的知识分解清楚，再把逻辑的方法变成计算机的语言进行推理。第二个阶段，类似东方文明中"神农尝百草"后的经验总结，并在几千年的历史中被实践检验无数次，是用大数据驱动问题的解决。两种方法各有利弊，但在一个有管理目标的企业组织中，只有"中西结合"，搞清楚承载企业管理理念背后的结构和逻辑，再结合经验和大数据，才能为决策提供有力支撑。

讲座后不久，华为财经部门的两个年轻的算法工程师愁容满面地找到我，说要请我喝咖啡。他们顶着"熊猫眼"坐在我的对面，肉眼可见的疲惫。

当时，他们正在做财经领域 SSE 报销的违规检测项目。账务人员从历史的违规单中抽象出很多的规则，但是按照规则识别出的问题单据多得超出了想象，命中率极低。大家对 AI 算法学习寄予厚望，希望能实现有效"揪"出问题单据的目标。

在灌进一整杯苦涩的咖啡后，一个小伙子一股脑儿倒出了自己的郁闷："我俩对着这个模型反复调整参数好久了，可不管怎么捣鼓，都毫无进展，效果一如既往的差……"

"具体是什么样的表现呢？"我问道。

"在训练模型的时候，我们采样了两年的数据，训练时表现极好，但是验证数据时命中率却极差……"

我在脑子里迅速思索了一下："根据我的经验来说，如果训练和测试时的表现偏差较大，最大的可能就是两者原本就是不同维度的数据。这是什么导致的？可能是切分数据的技巧不对，也有可能是业务规则变了，选取数据的时候没有做相应的调整。"

这好比我们要用 AI 来找出"最漂亮的人"，但在训练模型的时候，今天让它看漂亮的人，明天让它看中等外貌的人，两个规律和标准并不相同，数据特征自然混杂了，最终训练出来的模型，当然很难实现精确识别。

他们点了点头："怪不得我们拼命调整参数没有用，可能方向就错了啊！"

在告别之前，我嘱咐他们："一定要和业务人员确认清楚，两年间的规则是否发生过变化。"

最后的结果证明，我的猜测是对的。他们回去后仔细询问了账务人员，才发现一个细微的报销政策的规则调整被忽略了。在账务人员看来，这个微不足道的政策调整，不会对数据产生什么影响，因此向算法人员讲述应用场景时并没有过分强调这一点。但从采样数据的角度来看，微小的错误在两年的时间跨度中累积起来，就可能造成巨大的偏差。

症结找到了，问题自然也解决了，两个年轻人感激地对我说："这杯咖啡，喝得太值了！"

这个小插曲，再一次让我看到大家对于 AI 的重视和渴望。但是，每一个 AI 模型都有它的局限性，都有自己能够发挥作用的前提假设，如果对业务的需求和业务本质缺乏深刻的理解，没有弄清楚到底要解决一个什么样的问题，只是闭着眼睛挑选模型和工具，这个不行就换另一个，那根本无法为业务人员提供决策参考。

所以,后来在与年轻人交流时,我都会引导他们深入思考业务的本质问题,具有什么样的特征,怎样选择数据范围,怎样合并或产生一些特征,哪种算法可以去探索,哪种算法不适合,为什么适合,为什么不适合……让他们走在正确的道路上。

这样的移花接木,行不行?

尽管有些小插曲,SSE 员工自助报销系统的项目还是顺利地完成了既定目标。与此同时,随着问答系统的兴起,2017 年,差旅报销热线也因而成为财经 AI 的试点项目之一。

对于华为员工来说,出差是家常便饭。每年,华为员工的飞行里程总数相当于绕地球 13.6 万圈,足迹遍布全球二百多个国家和地区。因此员工涉及差旅报销的提问也是多如牛毛,如何更快、更准确地解答?大家把目光投向了 AI。

AI 的第三次浪潮在自然语言处理、图像、语音的识别上取得了巨大的突破,但在企业内部的应用上,这种基于大数据、大模型训练出来的黑盒模型很快遇到了瓶颈。这是因为像差旅报销政策这类既有华为特色,又有财经专业特色的对象,能够拿来训练的语料非常有限。而且,政策文档一般都很简练、严谨,依靠概率统计出的 AI 模型,满足不了这种知识的获取。

如何找到突破口呢?在关注业界动态的过程中,"知识图谱"进入了我的视线。

谷歌在 2012 年提出"知识图谱"的概念,以图的形式表现客观世界中的实体（概念、人、事物）之间的关系，初衷是为了优化搜索引擎返回的结果，增强用户搜索体验。举个例子，百度或者谷歌一下"小乔的丈夫"，搜索引擎会准确返回"周瑜"的信息，说明它构建了"知识图谱"的关系图，理解了用户的真实意图，知道我们要搜索的是"周瑜"，而不是仅仅返回关键词为"小乔的丈夫"的网页。不仅如此，当你搜索信息、看新闻、刷短视频、网购时，精准推送给你的内容，其背后都可能有"知识图谱"的作用。

虽然当时"知识图谱"主要应用于开放域的搜索和问答引擎上，但我觉得，这种图形化表达知识之间关系的方法，可以融合专家经验和数据统计，非常适合差旅报销热线这样既有一定量的专家经验，又有一定量数据积累的场景，于是强烈推荐给了项目组。

当然，这样的"移花接木"也很有挑战性，因为不同于互联网企业，华为财经建立的是实体的人或物的关系，我们要建立起像会计规则这样的虚拟事物之间的关系。为此，我们花了很多时间与业务人员"泡"一起，抽象差旅场景的知识建模，构建起华为财经的第一个知识图谱。比方知道"员工周日要坐飞机出差上海"，系统就会关联出，到达上海后如何完成机票、住宿的预订，具体的报销规则是什么，还能关联出节假日出差的报销注意事项等，并给员工打包送上历史上提问过的所有相关问题。

这种"知识图谱"的构建，一方面扩展了问答对的广度和深度，改变了问答对只能靠历史积累的问题，另一方面也提高了热线机器人对语义理解的能力。在大家的共同努力下，差旅报销热线获得了成功，这么多年一直是公司众多热线系统中表现最好的。

尝到"知识图谱"的甜头后，我们又在财经领域大大小小构建了十多个"知识图谱"的应用，如银行知识图谱和电商管控中的关系图谱等，可以帮助电商迅速降低被攻击的可能性。在这个过程中，我们加深了对企业"知识图谱"的认知，在"知识图谱"的特点和构建上突破了一些技术难点，并总结了一套方法论，申请了七项相关专利。一些成果被CIKM（国际计算机学会信息与知识管理大会）、KMIS（知识管理和信息系统国际会议）等国际会议选中，作为指导性建议或论文进行宣讲。

受挫的眼泪

很多人问过我，AI是不是一种技术？我说，它是技术，但又不仅仅是一种技术，更是一种机制、一种环境。你可以把AI当成一个"孩子"，要让它成才，就要建立一个系统的培养机制：从教它听懂"人话"，到教它学会理解和思考，再定期去考核它、重新训练它，让它不断进步。

这两年，在AI技术加速在各个行业落地应用过程中，我逐渐意识到"知识+数据"驱动的重要性，开始把"知识表示"作为一种重要的技术方向。

这个概念听起来很高深，其实就是为了让机器能听懂"人话"，并且自己会"思考"。比如，"拿包出门"这个指令，机器可能以为就是"拿起包,直接穿过门就出去了",很难理解这个指令所包含的一系列动作:拿起包,打开门,出去,关门,更不理解为啥要这样做。所以,"知识表示"就是要做三件事,一是把知识掰开了揉碎了,建立结构化的逻辑,二是把这些内在关系用"二进制"的语言说给机器听,三是把这部分逻辑和数据挂钩。这样一来,机器不仅听得懂,还会自己根据内在逻辑去思考、计算、判断。下次你要出门,还没开口,它就自动帮你提包了。

我一直坚定地认为,在专业性很强的财经领域,"知识表示"可以派上大用场——把确定的规则结构化,结构化的规则网络化,不确定的规则科学化,让 AI 真正具备思考和预测的能力,帮助企业做出更好的决策。所以,2020 年,在 X 业务预测领域的 AI 探索上,我一直坚定地主张使用"知识表示"技术。

但对于产品经理而言,要把知识结构化,是一个工作量巨大的工程。所以尽管他们已经梳理清楚会影响预测的所有因素,具备了构建业务逻辑的基础,但依然拒绝了这项技术。在一次会议上,我们爆发了激烈的争吵。

"你们为什么不多做一步呢?"我十分不理解这样半途而废的行为,不自觉提高了音量。

"为什么要多此一举呢,我们已经达成目标了。"产品经理摆摆手,同样的不解。在他看来,把影响预测的每一个因素用代码写出来,让机器听得懂"人话"就行了,为什么非要把知识结构化,让机器知道为啥这么做?

"不这样做,这只是一个'死'系统,机器还是没有分析和思考能力。"尽管我很坚持，但显然彼此的沟通并不在一个频道上，最终只能不欢而散。

明明这是一个大家谁都受益的方向，为什么这么难落地？在华为，我们拥有其他任何企业可能不具备的场景、能力，为什么我们已经走在了这个时代的前沿，反而要止步不前呢？我觉得特别受挫，坐在偌大的咖啡厅里，和一个熟识的同事聊起这件事，我忍不住流下了眼泪。

"这难道不是我们共同的理想吗？"我痛苦地问道。

同事一边给我递纸巾，一边真诚地对我说："那只是你的理想，还没有成为大家的理想，你要给大家时间。"

我一怔，是的，我很清楚，只有把业务逻辑与数据处理结合起来，才能构建一个快速响应、逻辑清晰的信息系统，为业务做分析推演。但从业务人员的角度来看，"知识表示"只是一个概念，它能达成什么价值，还要经过实践的检验。背负着交付压力的他们，怎么能开开心心做第一个吃"螃蟹"的人呢？

我反省自己，在表达上过于强势了。在我的认知里，技术目标永远是摆在第一位的，却忽略了很重要的一点——"独行快，众行远"，真的要做成、做大，必须要一个团队朝着一处使劲。与其从理念上去说服别人，不如先提供一个工具，让业务马上能用上，尝到"甜头"，切身感受到它的价值，这样才能实现共赢。

后来，我转变了做法，从推广理念变成推广工具，不再执拗于一步到位。从2022年开始，"知识表示"技术项目正式孵化为一个子产品，先完成以解决用户痛点为本的基本功能，在某些场景先小试牛刀，后续再迭代优化。

比如，在"基本价的合理性检验"这个场景中，定价的合理性验证要通过成本降幅和商务降幅等八个相互关联的要素来决定，定价业务想测试这些要素对价格的影响。为了完成业务的诉求，在底层技术上，我们采用"知识表示"的技术构建了对价格产生影响的各个要素之间以及要素与数据之间的关系，并自动翻译成可执行代码，提供给业务分析工具。在工具界面，业务人员可以自由调节每个要素的值，并链接数据库，算出对应的价格，并可以依据自己的经验，分析所得结果是否合理。

相信随着越来越多的应用落地和效果的彰显，由"知识表示"底层技术构建起来的知识网会越织越大，为业务提供更广阔的知识链接，"知识表示"产品也会得到越来越多的认可。未来，人与机器不只是在一起工作，而是持续地互相学习。

我的小目标

如果把华为公司比作是一个人的话，华为财经监控的就是人的各项身体指标。这些指标既相互影响，又受到外部因素的影响，所以我们要从系统的角度找到问题指标背后的真正原因。比如得了"高血压"，就要找到导致"高血压"的根源是什么，是吃得过于油腻，还是缺乏锻炼，还是生活环境发生剧烈变动。只有以场景为核心，把算法、算力和数据聚集起来，那才是真正意义上的 AI，才能有效支撑公司做出经营决策。

在探索 AI 的几年时间里，我欣喜地看到，华为财经围绕洞察、效率、控制三大职责，构建了一系列优秀的 AI 产品，如企业风控、电商支付风控、规划推演和财经助手产品等，并且从散点建设到体系化建设，沉淀出"知识图谱""知识表示""知识数据底座"等公共产品。

记得几年前我加入冯·诺依曼工作室时，给自己定过一个小目标——看清楚华为财经三年之内能用上的技术。现在回头看，在这一点上，我做到了。我坚持了自己的专业理念，也把过去二十多年在学术界和工业界所积累的经验，用在了华为财经这个广阔的平台上，我觉得很值！

希望若干年后，等我离开华为时，人们提起我会说："哦，是的，那个老太太挺倔的，但我们都很喜欢她！"

（文字编辑：江晓奕）

几内亚"小花"长高了

郑 怡

小小的螺旋桨飞机逐渐下降,我又看到了熟悉的风景:几内亚生机盎然的平原一望无际,蜿蜒的河流曲折入海。两年来,每次抵达这个国度我都能看到同样的风景,而这一次我却抱着全然不同的心情。

2017年,在机关工作五年后,我被外派,来到北部非洲科特迪瓦代表处做内控BC(业务控制人员),第一站就是小国几内亚。看了一年大西洋绚烂的落日余晖之后,我去了科特迪瓦推行集成税务遵从项目,而这次我回几内亚是要挑战新的岗位:办事处财务。做办事处财务,意味着除了擅长的税务遵从领域,我要更多地学习办事处、系统部、项目的经营管理,跟着业务并肩作战。

我,能行吗?

微涩的气泡水,酿成甘醇的香槟

抱有疑虑的不止我一个,还有我的主管。到达第一晚,办事处主任请我喝饮料,直言没有料到是我来接这个岗位,因为我并没有经营管理的经验,而如今办事处面临的经营任务很有挑战,希望我能从专业上支撑业务。

说完之后,他意味深长地看着我。我深吸一口气,端起面前的气泡水一饮而尽:"我已经做好准备了,有信心干好这个岗位!"小小的气泡在胃里面开了花,我却感受到了一丝丝苦涩与紧张。

豪言壮语说出去了,我接下来就必须好好干一场。

因为之前的积累,财经遵从方面的工作,我比较容易上手,所以办事处财务这个岗位最大的挑战来自经营管理。第一个月,我每天找机会逮着小伙伴去聊,去了解业务。晚上干完活之后夜深人静之时,就对着经营规则看损益表,看商业计划,看每一张PO(订单)、每一张发票,再跟业务聊天验证。但是办事处的业务纷繁杂乱,小到5000块钱的超长期AR,大到全年的客户预算大包,千头万绪从何理起?我仿佛一头扎进了一片浩瀚的海洋,笨拙地挣扎着划水,却还没有学会如何抬头换气。

第一次经营分析会,办事处还特别邀请了代表、CFO、交付副总裁们也都参加,我花了二十分钟将经营预测损益数字读完,自以为数据严丝合缝,无懈可击,然而到具体任务的分解时就被问住了。"融资什么时候放款?""客户合同最晚什么时候签字?""备货情况怎样?"……一连串的问题让我语塞。会议的后半程，我就从一个主持人变成了一个记录者，竖起耳朵抱着本子把大家讨论的如何改善经营的想法、困难、任务一一记下。会后，我给办事处主任发去一条消息：虽然第一次尝试不算成功，但是我已经找到了秘诀，下一次我一定能干好!

我的秘诀就是抓住主要矛盾。我按照会上的讨论记录排出了办事处重点工作顺序，再逐个模块地去跟业务沟通，听取他们的意见和困难，拉通每个环节，明确关键路径与A、B、C方案。比如，为了完成盈利提升目标，我们需要拿下一个PO确认收入，那接下来就倒排海运时间，再安排发货任务，时间往前推，还有预付款获取、PO签字、框架合同签署、额外预算引导……我要规划好这一系列明确的路径和计划。

大半年的时间，我组织团队雷打不动地开晨会、周例会，了解每个并行或串行环节的详细进展，发现问题解决问题。在我眼里，损益表再不是困扰我的数字，而是我和团队要努力去达成的重点工作任务。

到年底，我们几乎完成了不可能的任务，办事处团队终于卸下劲来欢聚一堂，办事处主任带我去当地最"高档"的酒窖买了两瓶香槟。香槟绵密的气泡在金黄色的液体中慢慢浮现，我与主任碰杯后一饮而尽，甘醇的滋味涌上喉头，我心里的那根弦也终于稍稍松了松——我终于拥有了经营能力了!

从帆布鞋到高跟鞋

接下来最大的挑战来了——走出去,见客户。

平日里,在办事处我都是穿着帆布鞋穿梭于各个会议室与工位之间,现在我要蹬上高跟鞋,穿上正装,去见客户了。2019年下半年,办事处的压力就是回款。客户支付X千万元几内亚法郎牌照费,当地又外汇短缺,没有美元支付给华为,我们给客户提供了融资,但融资的流程长,又是新事物,要改变跟客户多年的工作习惯,需要反复沟通。

虽然是新人,我还是印好了写着"华为几内亚CFO"的名片登门拜访客户了。第一次见面的场景,我到现在都记忆犹新:客户F先生是一位身高近两米的男士,穿着高跟鞋的我,还是要仰着脖子和他打招呼。F先生气场强大,在这对比强烈的体形差之下,我只能强装镇定,与客户"唠嗑"。我想法设法找客户财务部沟通催款,澄清融资要求,解决信保的问题。但最痛苦的是,因为刚来没建立信任,又不懂得沟通技巧,没多久我就被客户的资金主管"拉黑"了,客户那边经常找不到人,或者告诉我,让我"稍等一下",这一等,往往就是一个小时……

那时候我压力非常大,思考自己是不是冲得太猛、太莽撞,不如让客户经理来处理。但恼过之后理性又告诉我,回款是今年经营的卡点,我懂融资的要求,也懂银行的流程,我跟客户直接联系能发挥作用,我必须要攻克。办事处主任和系统部主任帮我分析了客户心理,让我站在客户立场上去想问题。我自己好好消化了一下,主动找到客户,诚恳地请他当面指出我的问题,打开他的心结。后来我也格外注意这一点,快不如慢,用客户能接受的方式与他沟通,并且用自己得到的一手信息以及专业知识帮助客户,就这样终于顺利完成了回款。2020年上半年,系统部的资金占用降低了4.3%,有效提高了资金运转的效率。

后来,我和客户的关系更融洽了。为了能与客户贴得更近,我还给自己订立了小目标:每次与客户见面都要用上一句新学的法语。几内亚当地官方语言是法语,虽然大家平日里用英语沟通工作没有问题,但是会法语是与客户"建交"的好方法。法语不用说得多标准,介于标准与不标准那种"微妙"的程度,效果最好!我的客户,也就是那个气场强大、快两米高的男士,经常被我不太标准的法语戳中笑点,笑得前仰后合,每次沟通氛围都特别好。后来,他们还给我起了一个当地名字:爱莎。每次见面,客户都会有点小期待地问我:"爱莎,快来说说,这次又学习到了什么新的法语句子?"

省了"一笔小钱"

担任几内亚办事处财务半年的时间里,虽然工作在不断推进,我也在逐渐成长,但是我内心隐隐还是觉得有点"空虚":2017年任总来几内亚看望我们的时候,就曾建议我们去做做PFC,深入项目,甚至可以做一个小项目的项目经理。我多希望自己能把这一门课给补上!

在几内亚,全国64%的人口生活在农村。我第一次到该国农村，就被眼前的一切所震撼：晶莹剔透的绿色草地上偶尔飞出一两只水鸟，圆顶的小房子错落有致地分布，妈妈给小女孩用可乐瓶上五颜六色的塑料环绑着俏皮的脏辫，小男孩们都是梅西、C罗、内马尔的小粉丝，把偶像"穿"在身上……

然而，这样美丽的地方基础设施落后，缺水少电，缺少移动网络覆盖。因此在政府的监管要求下，我们的客户开展了农网建设。我们则通过建立实验站，让客户"眼见为实"，用优秀的解决方案RuralStar（华为公司自主解决方案之一）拿下项目。项目组欢欣鼓舞，但作为项目PFC，我制作了一个初始预算后，心情一下跌落了谷底——项目的盈利远低于X运营商系统部的平均水平，这意味着我们几乎要做"赔本买卖"。

如何改善这个窘境？抱着这样的决心开始，我开始了真正的PFC工作。

我迅速在华为内部门户网站上查阅所有农网的资料，请教项目组同事，弄清楚产品跟交付步骤。但是怎么才能改善项目盈利情况呢？要知道，项目的服务成本不是框架招标的价格，就是反复询价的结果，基本很难再降低，我不由地陷入悲观情绪中：PFC真的太难了！

我的主管这时候看出来我的挫败，告诉我既然华为之前有成功案例，不如去看看别人是怎么干的。加纳的农网项目已经非常成熟，正是可以借鉴的成功案例，于是我赶紧联系了加纳的PFC，向她详细了解加纳当地农网的盈利情况、成本基线、交付风险等，再对比我们的概算成本，迅速找到了标杆。虽然没有喝咖啡，但吸收到满满能量的我，一下子振奋起来，立刻找到项目经理，开心地宣布：盈利提升有招了！

比如铁塔，加纳采用的分包商跟我们区域不同，铁塔成本较我们现有的分包商价格便宜，如果我们也引入新的分包商，铁塔成本有望大大降低。尝到甜头后，我更加积极地挖掘其他服务成本，而且要做到"知己知彼"才罢休。比如，我一边按照交付步骤，拉通各环节，得到周边国家分包价格基线；另一边，我自己下站点去看站点的实际情况，包括地形、遮挡、土质等，形成一条基于本地的分包价格基线。有了这两条基线，再与分包商谈判桌上见，我们也格外有底气了！

完成一系列深入项目中的调研、精算等动作后，我们的服务成本相比概算，每个站点降低了两千多美元。不仅如此，我还积累了一张"降成本措施落地跟踪"的事项清单，让我对项目的交付计划以及风险都有了更深入的认识。这一波操作下来，虽然只是给公司省了"一笔小钱"，我却体会到了前所未有的开心。

最有成就感的回报

不过，客户的反馈似乎和我想的不一样。随着第一批站点的交付，系统部主任传回客户的声音："我们花了这么多钱，但是现在不赚钱啊！"这样的抱怨我听到了好几次，心里有些不服气和小好奇——农网站点不赚钱？我决定自己一探究竟。

从客户那里接触到话务量数据的时候，我才第一次听说"erl"（爱尔兰）单位，立刻上网一查，才知道这是通信技术里面表示话务量强度的单位，也就是站点的通话小时数。根据数据，华为实验站的通话时间一直在逐步上升，达到每天80erl，话务量并不低呀！

接下来，我开始关心具体的资费了。为了精确地计算客户收入，我连着"骚扰"了七八位本地同事，请教客户的话费优惠力度和当地用户的充值习惯等，自己还拨打了几百个电话来测算、统计，拨打一分钟收费是如何，超过一分钟又怎么计算？最后发现，我测算出来的数值约是客户提供的三倍。

这是为什么呢？我拿着数据百思不得其解，果断去找业务同事聊一聊，结果我们优秀的SR（解决方案责任人）前辈一眼就看出问题来，原来客户使用的只是站点充值数据。我立马想到，农村区域被呼叫的场景更加常见呀，他们一般都是被呼叫，接听来自城里亲人的电话，因为这是免费的。这样看，不能仅仅看充值话费的增长幅度，话务量显然更能体现客户的真实收入啊！

另外一边，我又开始研究客户的TCO（总运营成本），我之前学习的产品知识和平时记录的各种基线数据此时派上了用场。我们的解决方案RuralStar主打"低成本，小而美"，使用的是无线回传技术，无须频谱费用，太阳能方案节省了电费和油费，农村区域的站点租金通常只是城市的一半，因此一切都是实实在在的低成本。收入增长了，成本还低，客户怎么会不赚钱呢？在团队讨论之后，系统部主任带着我找到客户CTO（首席技术官）专门做了讲解。客户听完解释，虽然当场没说什么，但从此再也没有说过农网不赚钱的话了。

虽然取得了一点小成绩，但我明白自己的PFC生涯还落下不少"功课",我要抓紧一切机会学习。慢慢地,我在实践中学会核算、预测和预算,还"偷偷"跟着项目经理学做计划,又一次打开了新世界的大门。通过与项目经理的计划对比,我的计划"猜中了结果却猜不中过程":上线站点数对了,但是其他站点的领料、MOS(物料到站点)、土建、安装、调测的进度就抓瞎了。此外,揣摩过核算、预测之后,次数不多的概算更成为我练手的宝贵机会,这让我了解我们种的是大米还是高粱,我要去好好打"粮食"!

同样被改变的,还有几内亚的通信现状。2020年年中,随着站点的陆续交付,第一批100个站点成功帮助几内亚120个偏远农村地区架起了与世界联接的桥梁。我的手机里一直珍藏着一张照片:一位本地的老爷爷,手里握着手机正在打电话,他的身后正是我们引以为傲的RuralStar——一根铁杆上,挂着若干通信设备,这位一辈子在农村里的老爷爷,人生第一次给在城市里打工的儿子拨通了电话。

客户CEO(执行总裁)说过一句话,我们工作时要思考当你离开的时候能为这片土地留下些什么。看着照片上老爷爷幸福满满的笑脸,我更加坚信,我投入的这一段青春时光,不仅仅是让自己得到了成长,这片土地也因为我们的存在,发生着巨大的变化。

继续成长,开出小花

说回几内亚,这里虽然经济落后,当地最大的法国超市也只有三四排货架,更没有女生最爱的购物中心。但是在这里,我能找到别样的乐趣,比如组织大家一起玩"狼人杀",自制踏板,花国内1/20的价格请专业的私教带我们跳操,无时差地追"西甲"和"欧冠",跟本地员工为几内亚足球的德比之战而激烈争论、最后把他"赶"出财务办公室。再比如周末美其名曰要亲自下厨请大家吃饭,结果却因为水平太烂,只配做个"墩子",洗菜打下手……现在手机里的国内微商、代购成了我最舍不得删掉的好友,即使只是隔着屏幕看看,也是巨大的满足。最值得一提的还有我们的宿舍,酒店式公寓带游泳池、网球场,还有直饮水,小伙伴直呼生活充满了希望!

"希望你能成长,希望过几年我们能看见你'长高'。"永远记得2020年10月末,我在EMT(经营管理团队)会议"20分钟"栏目上刚刚分享完自己在几内亚PFC岗位的工作情况后,任总对我如是说。他建议我一定要完成对一个完整项目的认识:"当一个人把这个事情走'圆'了,然后在'圆'外面再走一次,人生的这个圈子就走大了。"

2021年,在结束几内亚三年时光的历练后,我来到了地中海边的美丽国家摩洛哥担任CFO。在这里,除了拥有刚到发达地区放开购物的简单快乐,我更惊喜地发现,我面对的是更复杂的市场、更专业的客户、更大的平台与挑战。但这一次,我更加从容和自信了。

回首我来华为的这十年,从机关到外派,从内控到PFC,从PFC到CFO,或许都是在扩大人生圈子的过程,虽然有过苦痛,经历过风浪,但回头看,都是最绚烂的彩霞。还记得当初要成为办事处财务时,我对自己担忧:"我,能行吗?"如今,一切过往给了最好的回答:我能行!并且未来我还要继续成长,长高长大。

非洲,因我们而改变;青春,因非洲而绽放。我们并肩作战,因为热爱,因为勇敢,跨越山海,只为追寻更好的自己。只要肯钻研,百折不挠,贫瘠土地上定能绽放出美丽的小花。

(文字编辑:霍 瑶)

财经新人的"穿书"之旅

马一鸣

"当前世界的竞争是科技的竞争,你们看美国的谷歌、中国的华为都在大力研发前沿技术,我们欧洲很多企业已经落伍了……"讲台上,教授一脸沉重地对大家说。

这是 2019 年我在法国留学时市场分析课上的一幕。课堂原本气氛轻松,充满欢声笑语,但看着教授突然满脸严肃、面色凝重的发言,台下顿时鸦雀无声。而我们几个中国留学生忍不住挺起胸膛,自豪之情写满脸上。可能,我对华为的好感与好奇的种子就此播种下来。一年以后,我成为华为 2012 实验室预算管理部的一员。

入职第一天,导师霞姐请我喝咖啡。"小马,恭喜你加入 2012 实验室,成了科学家身边的财经人。希望你既要把小事做好,也要多向业务专家学习,争取成长为一名投资管理分析师,我们都很看好你哦！"

"科学家"身边的财经人？这听上去有些"不明觉厉"，看着我有些疑惑的表情，霞姐给我做了一番介绍——2012实验室是华为公司的研发组织，有很多科学家和专家，他们拿着"手术刀"杀猪，向科学"无尽的前沿"探索，在攀登科学高峰的路途上沿途"下蛋"，这就需要专业的财经人员进行管理支撑，帮助业务专家更好地布局。听完，我恍然大悟，也突然想起来一年前课堂上教授那句让我印象深刻的话，当初的骄傲之情依旧萦绕心头，而如今自己可以支持科学家工作了，我不由得心潮澎湃。

我美滋滋地回到工位，打开主管发送来的学习材料：流程图上无数的方框和箭头密密麻麻，看完就忘的预算生成操作指南，还有完全不知道是什么系统的英文名称缩写……扑面而来的信息量让我立刻感觉"头好痛"！

"不要着急，先从小事一点一点来。"面对一大堆名词和工作，我谨记导师的告诫，低下头一件一件做。部门同事也都乐于助人，无论何时我有问题请教，他们总会及时耐心解答，告诉我前因后果。就这样懵懵懂懂、跌跌撞撞，我翻开了在华为的新篇章。

初来乍到，竟穿越到古装剧

刚上手工作，项目经理有一天来找我："小马，你计算下投资编码比例，赶紧给我。"

"好嘞!"我满口答应,但其实内心有点慌,投资编码是什么?之前只听过产品编码,没听过投资编码;另外要计算比例,这怎么计算?数据和公式从哪里找啊?

我心生茫然,立刻从座位站起来环顾四周想求助,可同事正巧都不在,只能先靠自己了。我赶紧查看以前项目的比例,发现之前已经算过了。"当时的业务部门都通过了,那应该按照以前的来就行了吧。"我自顾自地想着,便反馈了上去。

不一会儿,项目经理直接呼我上会:"一鸣,你知道你在算的是啥吗?你确定你算的数字准确?"我弱弱地回答:"你要的投资编码我没找到,我这里只有产品编码,这个就是以前的产品编码比例。"项目经理听了我毫无底气的话,直言不讳地指出我根本没有搞懂财经人要做什么。我羞愧万分,但也无言以对。

好在同事及时回来,了解情况后告诉我正确的计算方法。说白了,预算就是我们还能花多少钱,分摊比例要根据各个预算来源的金额占比测算,哪些产品给我们投资多,我们就提高比例,哪些产品不投资了,我们就不应该分摊给他们。在这个项目里,随着时间的变化,预算已经发生了变化,自然不能根据之前的比例来测算,而项目经理说的投资编码和产品编码其实是一回事,只是大家在日常工作中的叫法不同。在同事的指导下,我重新算了一遍,发给了业务,解决了这个问题。

这一次小小的波折,也让我陷入了思考。我做的都是操作性工作,前人是怎么做的,我只要照葫芦画瓢就行。拿这件事来说,分摊的产品编码有什么意义?我从来没有思考过,我感觉自己就是一个计算器,只做加减乘除,知其然而不知其所以然，如果不了解清楚来龙去脉，下次还会发生其他问题。

部门刚好在安排年度重点工作，成立了多维度核算工作组，从数据梳理、规则分析和报表架构三个方面，将不同业务部门的业务场景和核算数据梳理清楚，制定出完整统一的数字化报告供使用，帮助业务部门更好地对比分析经营情况。我立马报名参加，因为这项工作既可以让我接触财经的全面知识，也可以向其他专家学习财经分析的思路和框架，提升自己的专业化水平。

好巧不巧，我正好负责产品编码维度的梳理分析。根据日常工作中的疑惑，我向组长辉姐请教，比如我只是知道抽象定义，但是不清楚其所包含的具体的作用；核算编码设计的目的和架构是什么？自己的分析要么太宏观没实际意义，要么就陷入太具体的操作性工作中。

面对我的困惑，辉姐给我打一个简单的比喻，我们有一片果园，有苹果树、桃树、梨树……每一棵树对应一个投资方向，树上的一颗果子就如同一个项目，我们做预算管理或者评审的时候，既要管理每一颗果实是否成熟落地，也要看整棵树到底浇水多少、施肥多少。这些略呈宏观的投资方向相应都会有自己的一套产品编码，通过产品编码才能够区分各方向投入，实现精确"滴灌"，而不是"大水漫灌"。假设公司开始研究比5G更先进几代的12G（第12代移动通信技术），那12G就会有对应的一套产品编码，相关方向对应不同的编码，比如无人驾驶和家用网络方向等。这样我们就可以在源头处看到公司的投入布局。用一句话总结，产品编码反映的是背后的预算来源。

听完这一波解释,我若有所思地点点头。辉姐见状赶紧补充道,或许可以用《甄嬛传》来打比方,以便我更好地理解。于是,她生动地讲解了核算编码设置的规则和意义。

"皇帝有后宫佳丽三千,那总要分出个皇后和其他娘娘,大家还居住在不同的宫殿,皇帝需要根据牌子才能找到人。产品编码就如每个佳丽的牌子,归属的组织就是每个宫殿,后面有了龙子龙孙,我们才能知道是哪个娘娘产下的、哪个宫的。"大家捧腹大笑,辉姐形象的比喻让我秒懂:为了正确反映投入与产出的受益关系,说明研发费用主要投入到哪些方向上,我们就需要通过编码归纳到对应的核算数据上。

"后宫佳丽"的"牌子"确定了,事情却远没有结束。我进一步思考有关"后宫管理"的比喻:每年分摊比例的变化,反映了投入方向的变动,可以支撑经营分析;分摊比例是根据预算确定的,那前端预算的来源要清晰,根据谁受益谁投资的原则,否则分摊比例再怎么计算都没用……打个不恰当的比喻,如果产品编码制定是"写牌子",那年度预算申请和分解,就是一群妃子在"争奇斗艳",皇帝却不想"雨露均沾"。

在部门同事的支持下,我对部门投资编码的规则、架构、实际问题等进行了系统地分析,从"一头雾水"升级成"醍醐灌顶"。每当业务部门的同事对产品编码有疑问,我都可以很自信地校验和解答。

"小马,我们又有一个项目立项了。我把新的产品编码发你,麻烦维护下分摊比例哦!"业务部门的同事发出指示。

"你这个好像不是产品编码,是项目编码。这就等于皇帝要翻的是娘娘的牌子，只知道在慈宁宫没有用呀……"我的回答有的放矢。

在困境中，步步向前

2021年初，我刚转正，团队里有小伙伴工作变动，在领导的鼓励下，我信心满满地接手了另一位同事的工作，相当于承担两个人的工作量。我觉得这是个挺好的机会，锻炼一下自己，殊不知刚刚熟悉的"后宫"却逐渐变成血泪满地的困境。

"一鸣，麻烦你看下我们项目的预算。"

"小马，这是我们这个月上会的项目，老项目结项，新项目立项，预算材料要做两页。"

"一鸣，你啥时候下会，我们一起看下当月的合作项目进展情况。"

……

作为财经代表，凡是涉及钱的事情，大家都会先来找我。在攀登科学高峰的路途中，向上捅破天、向下扎到根的过程需要"大胆投入"，当然更需要合理投入。我也因此成为"小红人"，经常会有很多业务部门的同事找过来。比如有一天，我正在电脑上远程参加会议，听着业务专家评审项目立项，讨论未来前沿技术的研发策略，审视高校的技术合作布局……财务上的有些问题刚要提出来，桌子上手机开始震动，一看是0755—6××××××（华为WeLink呼叫显示号码）打过来的，一接通，焦急的声音传来："一鸣，我们有个合作项目要立项了，电子流走到你那里了，审视下附件啊!另外有几个关注点……"我忙不迭地说:"好的,稍等,我在另一个部门的会议上,等会儿就看电子流。"

突然,电脑屏幕右下角的WeLink的消息框闪动了起来,又有同事来找我:"一鸣,通过电脑和手机都没联系上你,只能给你留言。产品线的同事来找我们沟通预算的事情,你现在有空开会吗?"

我这儿还没来得及打字回复,突然有人拍我肩膀,转头一看,发现有位同事已经等不及,直接找到了我的工位:"一鸣,你电脑和手机都是忙碌状态。"我扭过头,抱歉地用唇语说:"我在打电话。""不着急,我先在旁边等一下。"同事"安慰"我道。

工作一下像洪水般朝我袭来,按期交付已是不易,别提精益求精、追求质量或者深入分析了。那段时间,经常是这个事还在艰难推进,下个事又找上门,千头万绪,抓耳挠腮……而到了第四季度,也就是财经圈子常说的预算季和内控季,我更是有一种"心态崩了"的感觉。我既要一个顶俩,在短短一个月里做出来几十个项目的分月、分科目预算;还要开展内控BC的SACA(自我年度控制评估),几十项总结材料从天而降。我体会到了困境中的绝望,每一天都处在阴霾笼罩之下,世界仿佛也是灰色的,但还要不停地突围……负面情绪占据了我的大脑,每天晚上下班,我要和父母打电话倾诉半小时,真的感觉干不下去了!

虽然嘴上这么说,但我的身体还是很诚实。这天夜里,我依旧奋战在电脑前大战预算,突然注意到某个项目预算里面"折旧摊销费用"特别高,占了整个部门折旧摊销费用的60%,并且这么高的费用在2020年就已经存在了。这一异常现象让我瞬间警觉，赶紧追根溯源查找，打开核算明细，查找合同号和资产编码，再去资产管理系统里搜索资产明细，翻阅资产历史日志……经过一番查询，我终于找到原因，原来2019年我们收购了其他公司获得的代码库等无形资产，有一些是三年期摊销的，刚好在2022年到期；而值得注意的是，根据设定，2022年应该比2021年少摊销六个月，这应该会节约好几十万元。

我长舒一口气，多亏自己及早发现了，如果按2021年满十二个月的费用来做预算，那么2022年预算明显就做多了，这会给公司带来不必要的预算占用。现在及时释放不必要的预算，让我们的预算计划更加合理，业务就可以将资源投入到更有价值的方向去！我为发现了这样的问题而欢欣鼓舞，困顿也因此一扫而光。后来，当这项预算在业务部门评审的时候，研发项目的领导也迅速发现了折旧摊销费用大幅降低这一变动，当场询问我原因。我自信满满地做了解释，看着会议上各位业务主管们赞许的眼神，我心里有点开心，多亏自己之前细致地编制预算，加深了对项目计划的了解，预算才经得起推敲和询问啊！

一次次如上的经历，让我在困境中迎来了圆满的结局——穿过黑云密布、狂风肆虐的灾难区，终于迎来春风和煦的新天地，我心里也泛起茸茸的绿意……

靠突击，消灭敌人

心态平和了之后，回想起那段"兵荒马乱"的时光，我觉得有负面情绪挺正常的，但是不能陷入其中，刚好那段时间在看《士兵突击》，看着简单却执着的许三多一步步成长，我也忍不住把自己带入了剧情：如果我在他的位置上我能做什么？

答案很简单，要么顶得住，要么顶不住。当许三多加入老A选拔后，每天进行着魔鬼训练，负重长途越野、半夜突然集合、教官冷嘲热讽，一旦做不好就要扣分，分数扣完就立马滚蛋。有的队友受不了压力，就这么退出了。我如今其实就是要顶住压力，无论面前炮火多么猛烈，直面所有困难和挑战，才是"真的勇士"。

说也奇怪，我发现随着我做的工作越来越多，接触的工作内容越来越广，工作效率也越来越高了！细细一想，也不奇怪，大大小小的业务场景自己都处理过，再也不是一年前一无所知的小白，各项工作开展得心应手、游刃有余。不知不觉，我工作更有底气了。无论是业务部门同事还是财经部门同事找我咨询，我都可以快速解决，还归纳出自己的模板和方法。我这个"马三多"的"武器库"越来越全。

"一鸣，你能给我讲解下核算编码吗？"

"没问题，我先把我去年做的分析发你，你有不懂的随时问我。"

"一鸣，你是怎么做项目预算的呀？"

"要去掌握业务计划，将业务语言量化成财务语言，我把日常用的模板发你，公式都设好了，直接填写就可以自动生成。"

"一鸣，你有空把经营分析、项目预算管理等都给大家讲讲，看看有哪些要点，统一下大家的模板，保证我们工作的质量。"

"好的。"

以上这些对话成了我的日常，团队很认可我的工作成果，让我把财经在项目管理的步骤和要点写出来。我按照项目"四算（概算、预算、核算、决算）"的步骤，整理出15条在研发项目管理中的要点，把自己的方法、模板和经验固化下来，把"武器"分享给大家。

有一回，部门新员工来问我，原来他发现造成每个月费用预测和实际费用有偏差，原因是某一科目费用执行多了，但是领导让他再深入分析。他有些不理解："超预测就是因为这个科目的金额高了，有啥不对？"

我一听，觉得自己之前做的包含分科目预算、分资源数量和单价等信息的项目预算管理模板可以派上用场了。我告诉他："数字只是表象，我们要找到项目的深层原因。财经要了解数字背后的业务逻辑，把业务资源投入显性化出来，后续就可以看护资源投入情况……而偏差分析，不单单是用数字解释数字，要看到背后业务计划的执行情况，才能及时进行风险预警。比如偏差是因为人数增加了，还是合作付款延期了？对业务运作和全年预算有没有影响？再进一步延伸，人数增加是否反映招聘形势乐观？合作付款延期是否反映合作项目遇到了障碍没法交付？这些才是我们要根据经营分析发现的业务实质，也是让你做偏差分析的目的。"

不破楼兰誓不还

"我们的经营管理到底在管理什么？"新员工追问。我把自己的思考毫无保留地告诉了他："我觉得财经最基本的价值，是要保证数据的真实性和准确性，反映业务实质。"我把模板发给他参考，让他对资源投入进行分析，看看投入的布局、力度和节奏是什么样的，这样就可以给业务部门的判断提供支撑了。

后来我继续优化模板，将这个项目预算管理模板在团队内共享出来。有了这个"武器"，即使是新员工也可以快速上手对预算进行编制和评审；财经人在上会评审项目时也可以按表索骥，快速找到需要的信息，判断预算合理性。

赠人玫瑰，手有余香。我感觉自己如同一棵小树苗，汲取养分快速成长，就如许三多逐渐适应了老A的节奏后得心应手。我陆陆续续总结了财经项目预算评审checklist（审核表）、各类资源的精细化管理建议等，供团队成员参考使用。

而来自研发部门同事的认可，更给我带来了工作上的价值感。比如部门有新项目经理上任，就会来找我了解预算管理的要点；再比如参加项目的经营分析会，我不再战战兢兢，害怕被突然提问而答不上来，而是主动向前一步，参与到各个项目中去了。当听到研发的同事们称我为"财务大管家"时，我也体会到了许三多经过各种魔鬼训练，终于被告知成为一名真正老A战士时的心情了！

星辰大海，奔赴未来

记得2019年参加公司面试时，面试官问我未来的规划。我回答没有。因为未来不确定性太高了，我只能做好当下的每一件事。来到华为财经，成为科学家身边的财经人后，我更加笃定，未来不确定和挑战众多，更需要我们做好当下的经营管理。在研发人员爬喜马拉雅山、珠峰登月的过程中，需要财经来发现"黑天鹅"和"灰犀牛"，助力业务及时应对不确定性，帮助他们创造更大的价值，让科学家在"无尽的前沿"探索。

而我正为当前的工作成果有点暗自得意时，主管诚恳地对我说："一鸣，你这段时间表现不错，但支撑科学家们顺利开展业务活动，要以更高的标准要求自己，要关注预算的合理性。"

我有些不解。主管接着说："现在你做的只是说多少资源对应多少钱，但是你想过没有，为什么投入这些资源到某些技术方向呢？为什么投入资源去做某些技术，这个是我希望你去了解的，希望你可以支撑业务做好投入与产出方面的判断，这才是合格的科学家身边的财经！"

对哦！我可是要做"科学家身边的'财经'"！要知道，2012实验室是会不断产出"黑科技"！这就要求我必须开始新一轮的学习。但如今，实践经验丰富的我更加坦然了。我，一个刚入职两年的财经新人，对未来充满了希冀。因为未来是上九天揽月、下五洋捉鳖，未来有星辰大海在招手，我无比期待创造未来人生的新篇章！

（文字编辑：霍　瑶）

一张特别的货币地图

张　帆

在华为坂田基地财经大楼六楼的一面墙上，悬挂着一张"世界地图"。这张地图似乎有点特别，它五颜六色，看上去也不是很精细，但走近一看，你会发现"乾坤"所在：原来各大洲的板块是由不同种类的货币拼贴而成的。而这张特殊地图的"素材"正是来自华为外汇团队的小伙伴们。外汇团队的同事们出差世界各地，总会有一些无法兑换的当地零钱留在手头，有一天我们突发奇想，把其中 22 种纸币拼成了一个世界地图的形状，然后装裱起来挂在工作区。

如同这张地图所呈现出来的那样，作为资金管理部的一员，外汇管理团队的成员们奔波在世界各地，与全球 140 多种货币打交道。我们承担着守护"粮仓"的重要职责：保障资金安全，支撑业务需求。而近年来国际局势动荡，不少币种汇率波动频繁，大家肩上的担子也更重了，我们一手拿着"利剑"，开辟创新，直面风险；一手拿着"盾牌"，抵御冲击，守护"粮食"。

趟通 22 种货币的"变身"之路

作为一家业务遍布世界 170 多个国家和地区的跨国公司，华为的资金呈现形式除了人民币，还有欧元、英镑、日元……你能想到的币种，或许在这里都有一席之地。但丰富的币种也会带来一定的风险，这就是我们常说的"外汇风险"。

与个人换汇的情形不同，实体企业的换汇比较复杂。以往对于海外打下来的"粮食"，我们的常规操作是，海外的资金人员把当地货币换成主要货币，再汇回国内。这就涉及一系列烦琐耗时的事项，包括找可兑换货币的银行资源，和银行签署协议、确认操作流程……风险也就在这些环节中产生了。举个例子，如果资金数额较大，当地的银行并没有相应数量的外币储备供换汇，那这笔钱就相当于在当地被"困"住了，万一此地出现政治动乱，本地货币大幅贬值，我们就要眼睁睁地看着大家辛辛苦苦打下来的"粮食"，如同指间漏沙一般，想留也留不住……

近些年来，由于世界格局的风云变幻，国际金融整体局面也愈发复杂，跨国企业都开始着重储备换汇渠道；从国家层面来看，人民币国际化的进程也在稳步推进中，致力于能有更多币种直接兑换成人民币。这意味着国内企业可以省去在海外"将本地货币先兑换成欧元等主要流通币种，然后再汇回国内兑换成人民币"的这一中间环节。这一新的变化，似乎也为华为外汇团队指引了一个新方向：我们是否可以先把国外的资金直接汇回国内，然后再"伺机而动"，结合业务的资金需求和外汇市场情况，将外币直接兑换成人民币，中间不需要中转为其他货币。这种方法对于中国企业来说，不仅提高了换汇过程的安全性，还能优化成本，提升效率，是有效降低汇率风险的手段之一。

2018年，国内已经可以支持20多种外币直接兑换为人民币，但仅仅是理论上的可行。外汇事项涉及国家的外汇储备，这不仅是关乎华为自身的事项，我们之前也从未有过非主流外币汇回国内再直接兑换成人民币的经验可供参考，到底该如何操作，我们的前方仿佛有一条被层层迷雾遮挡着的路。

2018年12月一天的早上，深圳坂田，冬日暖阳普照，外汇小币种团队接到了来自东北欧区域资金团队的电话。原来那边近期有两笔资金因关联发票清理，将在一个星期后需要紧急汇往深圳，这笔款项涉及丹麦克朗和瑞典克朗两种货币，加起来金额近600万元人民币。

外汇管理部的小爽接到这个任务，有点兴奋和忐忑。因为在国内，这两种货币之前都没有直接兑换成人民币的先例，她可能要成为"探路者"队伍中的一员了；但对于华为来说，资金汇回失败是一件很大的"麻烦事"。因此，这次探路在一定程度上来说只许成功不许失败。很快，一个包括外汇管理部、现金管理部、中国资金中心和东北欧区域资金等相关部门同事的试点小组就成立了！大家化身"探路者"，分工明确，争分夺秒，通力合作，在一周之内就完成了汇出行、收款行的流程沟通、通路调研、外管规则调研等事项……

地图上的"路"，已经被标注出来，但究竟能不能走通，一切都将在试点这天揭晓。

试点当天上午，东北欧那边的资金同事在当地汇出这两笔克朗前往中国国内，我们按照计划，一步步推进各环节的操作，然后紧盯着资金的流向。要知道，克朗这个币种之前很少有直接汇入国内的，一般都会兑换为欧元或其他货币再汇回国内，当下这种不常见的资金流向很容易卡在某个环节，而最终不得不退回汇出行。如果是这样，这将意味着铩羽而归。

时间一分一秒地过去，小爽查看着流程进度表，不停地拿起手机看时间。在她眼里，这一笔资金正如同万里晴空里一群南归的大雁，她希望这群大雁奋力挥舞翅膀，早日归来。试点小组的小伙伴们也仿佛一群在等待高考成绩的家长，紧张又期待，而大家能做的不多，由于没有可借鉴的经验，"尽人事"之后，剩下的一切都只有"听天命"了。

在众人的期盼中，好消息传来，两笔资金顺利入境！大家悬着的心落了下来。接下来，在外汇交易中心的交易平台上我们将外币兑换成了人民币。就这样，我们成功趟通了这两个币种场内结汇的路径。虽然整个过程看上去"风轻云淡"，但这背后是我们数十年间积累的外汇操作经验，例如哪些环节需要特殊的资料，我们早就附上了完备的资料……这看似轻松的一刻，实际上是我们厚积薄发之时。

随着人民币国际化进程的推进，基于我们的成功经验，团队开始了更多"路"的探索。截至目前，在外汇小币种团队牵头的试点小组的努力下，华为已经在外汇交易中心试验成功22个华为主要收入的币种到人民币的直接换汇。对于出差频繁的我们来说，还有一个更直观的感受——人民币真的越来越国际化了，不仅换汇更方便，在海外吃饭的时候，越来越多的当地餐厅也可以使用中国的第三方支付APP（应用）呢！

坐上顺风车，从 30 分钟到 5 分钟

北京时间上午十点半，外汇管理部的小奇来到部门大厅的一隅，他打开其中一台电脑，登录"银企平台"（中国外汇交易中心电子交易平台）开始操作。因为业务需要，他在平台上预约了一笔交易——一笔欧元将按照约定好的汇率，于一个月后兑换成人民币。

这个位于外汇管理部办公区域看似寻常的一角，是一个重要的战场，也是小奇作为外汇交易员一个重要的工作区域。在这里，两张长条桌严丝合缝地拼接成交易工作台，三个交易终端汇集于此，四块交易屏呈"田"字形拼接，还有两块大屏显示着市场实时信息，各个币种的汇率信息不断跳动着，时刻与世界同步。而电脑上贴着的标签也彰显着每一台电脑不同的"身份"：银企平台、彭博、路透……通过这些平台，小奇和其他外汇交易员们可以轻松地进行交易，将公司的资金兑换为所需的币种。

关于这个银企平台，我们也有一段"不得不说"的故事。

外汇管理的一个重要工具就是远期交易。对于华为的外汇风险管理来说，即期和远期是两个重要的工具，就像左手和右手一样相辅相成、缺一不可。即期，可以理解为"当下""立刻"的行为，也就是现在是什么汇率报价，立刻用这个汇率作为交易数值，而远期则是对"未来的预设"了，相对于"即期"，交易会相对复杂。

到底什么是远期交易呢？举个例子，假若公司预期一个月后有欧元的货款收入，但未来一段时间里欧元兑换人民币的波动，将会影响公司实际的人民币收入。若欧元兑换人民币的汇率在一个月后贬值，那无形之中公司的收入就会减少。远期交易意味着我们可以和银行达成一个远期交易协议，约定一个月后以某一汇率将欧元兑换为人民币，即可锁定未来的换汇价格，规避了潜在的外汇风险。

针对这种稍显复杂的远期交易，华为现在通过银企平台，远程连接银行，鼠标点击几次就可以交易成功了。但要知道，在2020年以前，远期交易可是一件"大工程"。

忆往昔，小奇"百感交集"，他回忆在此之前的远期操作流程相当烦琐：首先需要用专门的交易电话打给银行对应的交易员，银行交易员首先需要验证华为交易员的身份，确保通话的此人是被授权的交易员。随后，华为交易员开始向银行交易员询问当前的报价，经与市场价格比较，若价格合适便可直接确认交易。电话成交后，这笔交易在流程上还没有结束，还需要华为交易员提交一个填写好的纸质表格——"结售汇申请书"，传递给银行柜台后，这笔交易才算正式成交。

"电话询价一笔交易就要半个小时左右,而目前公司海外经营逐渐多样化,外汇远期操作的需求也在逐步增加,单笔交易效率就要求提高!"小奇有点发愁,因为在这个过程中,他只能和一个银行询价,如果想同时与多家银行询价,就需要配备多个交易员,整体过程冗长又耗时,还需要人工传递结售汇交易单,单单完成一笔远期交易就可能需要半个小时左右,并且电话询价的整个过程是电话录音,询价记录的保存也不便利。

如此复杂烦琐的流程,外汇管理部的小伙伴们在不断寻找优化之道。正好在与同业人员交流的时候,小伙伴们也特意提起这个情况,想听听大家的感受。没有想到一个企业的交易员拿出手机说:"我给你看,我们就是用社交软件的!"他边说边向我们展示着手机屏幕,只见一个个企业和银行的报价群扑面而来。这位交易员表示"太痛苦了",经常漏看信息不说,一个个联系起来也十分麻烦。这次经历,让小伙伴们意识到原来大家都面临着同样的困扰。小伙伴们想,如果能有一个平台供实体企业来进行远期外汇交易该有多好啊!

不久,我们就感受到了"无巧不成书"这句话的含义。中国人民银行(央行)听到了众多企业的"呼声",开始着手打造一个链接多家企业及多家银行的外汇交易平台,而由于华为的相关经验比较丰富,央行希望华为能提供一些经验,助力平台建设。外汇管理部部长张帆立刻召集成员们,让所有人全力配合,为这个意义重大的平台贡献一份力量。

华为外汇小团队被邀请参加内测。当平台测试版上线后,我们配合外汇交易中心,连接测试环境,与配合测试的银行完成了多个产品、多个币种的测试交易全流程。基于华为的交易经验，我们也向交易中心提供了一些优化建议，比如按照华为在海外交易的经验，外汇交易单上需要留存每一个银行的报价记录，以验证该笔交易选取的是报价最优的银行……

2020年11月2日，是我们永远不会忘记的一天，银企平台正式上线！华为作为第一批试点企业，在平台上线第一分钟，就与某银行完成了全国第一笔基于银企平台的外汇远期交易。

如今，有了银企平台，往日"钻木取火"一样的远期交易方式已经有了质的飞跃，小奇再也不是"电话员"，他拥有了自己专用的账号、密码，在那台贴着"银企平台"标签的电脑上登录、进入平台，就可同时向多家银行发起询价，挑选价格最优的一家进行交易，然后电子交易单瞬间生成，直接发送到小奇的邮箱。整个过程只需要五分钟，效率大大提高。

银企平台正在被越来越多企业使用，正逐渐成为实体企业外汇交易的主流平台。对于外汇团队来说，大家都为打造银企平台贡献了一份微薄的力量而欣喜自豪。

艰辛而浪漫的土耳其之旅

2020年1月，入职外汇管理部两年的老董第一次被外派，目的地是土耳其。

提起土耳其，常关注外汇市场的人马上就能明白这个国家的"江湖地位"——全球外汇形势最严峻的地方之一。由于地缘政治危机不断，这里的汇率市场波动剧烈。打个比方，今天你在银行有100万元等值人民币的里拉（土耳其本地货币）存款，明天该存款的价值可能就只有80万元等值人民币了。而新冠疫情的肆虐，更是让当地的经济状况雪上加霜。华为在当地也面临着非常不乐观的形势，在土耳其代表处成立近二十年的时间里，我们曾经因为使用本地货币签约，得到过惨痛的教训。如今面临严峻的形势，我们路在何方？

毕加索曾经说过："整个世界展现在我们面前，期待着我们去创造，而不是去重复。"在来华为之前，老董曾经在国内一家银行工作超过十年，很早就对人民币国际化以及货币互换协议有一定的了解，而土耳其正是最早一批签订人民币互换协议的国家。外汇团队成员们都觉得是时候创新一下，试一试，让客户在土耳其境内通过货币互换协议获取人民币并支付给华为。但要知道，那时距离2008年中国与土耳其签署人民币互换协议已经过去十三年了，而这十几年间由海外企业提款人民币支付当地中资企业的行为还没有发生过。

我们成了第一个"吃螃蟹"的人：我们的任务目标明确，但是艰难——完成全球第一笔海外企业申请人民币货币互换协议提款人民币，用于支付当地中国企业的贸易款项。

为了实现这个突破性的目标，总部专家、代表处代表、CFO、公共关系部、客户经理，还有资金、账务、税务、法务等同事集结起来，这支精英荟萃的团队的项目经理正是老董。老董领着大家开始制定计划。针对项目落地可能产生的影响，他主导制定了政策牵引、客户外汇风险管控、银行能力建设、自身敞口平衡等多个解决方案。但由于疫情原因，深圳坂田总部的专家无法到现场支撑，于是大家跨越了时间和空间的障碍，进行三地协同，二十四小时不间断"作战"：总部外汇管理部在北京与银行对接，获取政策支持和流程指导；伦敦外汇专家Niall负责指导客户进行人民币汇率和利率的风险管理；老董在土耳其当地牵头推动各项任务的进行，每周跟踪任务进展，重点建立当地银行人民币结算交易能力，解决当地银行和客户提出的疑问，持续完善土耳其代表处的外汇管理策略，让客户理解使用人民币可以有效规避风险，与使用其他流通货币没有什么区别。我们希望客户能明白这是一个双赢的方案。

那段时间，在土耳其的老董和同事们，戴着厚厚的口罩，奔走在客户和银行之间。有时候大家"赶场子"，就在路边买上一个当地特色小吃"芝麻圈"（Simit）填肚子，毫不夸张地说，那段时间我们几乎把客户公司附近的芝麻圈都吃遍了，几乎都可以写一篇《"芝麻圈"鉴赏实录》。传统的芝麻圈，外表看起来像甜甜圈，老董和同事们开玩笑，说咬一口这如同甜甜圈的芝麻圈，就是尝到"甜"头，是个好兆头，咱们一定会迎来成功！终于，靠着我们详尽细致的方案和真诚的沟通态度以及华为产品的实力和口碑，或许还有芝麻圈的好寓意，6月份，土耳其客户在当地成功提款，并使用人民币支付了款项。

这个用人民币顺利支付的小小举动，却是我们工作向前的一大步。这是一次"前无古人"、从"0到1"的重大突破！依照着我们"吃螃蟹"的经验，后有不少"来者"，土耳其当地的中资企业纷纷开始使用人民币进行贸易结算。这一新方式，扩充了海外企业获取人民币资金的来源渠道，增加了海外企业资

不破楼兰誓不还

金的安全性，提升了人民币在国际结算中的使用，实现了多方共赢。

老董依稀记得，刚到土耳其不久，父亲就发微信担心他："土耳其又打仗了，你那里有没有危险？"在土耳其两年的时间里，他经历过无数次大大小小的危机。作为外汇人员，他更关注由于各类危机造成的汇率风险。经过了一年多对土耳其历史、文化和政治等方面的深入学习，他已经成为"土耳其小百科"，无论在代表处还是地区部，遇到土耳其相关问题，大家第一时间想到的就是找老董。而老董也不负众望，在土耳其央行行长撤换、央行意外降息等几次汇率暴跌危机时，都通过坚持既定策略，让华为顺利度过了危机。

虽然歌曲里唱着"我想要带你去浪漫的土耳其"，然而在土耳其的两年时间里，老董可能没有怎么感受过浪漫。因为疫情的原因，他甚至连伊斯坦布尔这座城市都没有离开过。不过，他觉得让客户在土耳其当地使用人民币支付这件事，过程虽然艰辛，但也可以称得上是"最浪漫的事"。

如今老董已经离开土耳其，前往拉丁美洲。他将在阳光充沛的拉丁美洲继续发光发热，为外汇的风险管理孜孜不倦……

一张特别的"世界地图"

罗曼·罗兰说："你们的理想与热情，是你航行的灵魂的舵与帆。"这些年，无数个如同小爽、小奇和老董这样怀揣着理想与热情的管理资金外汇小伙伴，为了保障公司的资金安全，运用自己的专业知识，拿着看不见的"武器"，直面无法预知却来势汹汹的"风暴"，在无形的滔天巨浪中乘风破浪，奋勇向前。

小爽、小奇和老董的点滴故事，也是外汇管理部十年来一步步成长的缩影。这十年间，搭乘着国家各项政策的顺风车，在一代代外汇小伙伴们的努力下，华为的外汇管理工作有了新面貌：更多外币可以汇回国内直接兑换成人民币，在银企平台就可实现远期换汇，海外客户直接用人民币在当地支付……这一系列让我们直呼"好棒"的新变化，都要归功于国家大力推进人民币国际化进程带来的利好，归功于央行和中国外汇交易中心在金融基础设施上的建设，归功于银行合作伙伴的支持，也要归功于分散在世界各地为资金保驾护航的外汇小伙伴们……

还记得那一张挂在工作区墙上的"世界地图"吗？现在再走近看一眼，你会发现更加特殊之处：以前，这22种货币大部分都无法直接兑换成人民币，因此留在大家的手里，成为地图的"素材"；但如今，这些货币已经都可以直接兑换成人民币了。每一位外汇小伙伴看到这张世界地图，内心都会升起一股骄傲和使命感，因为这不仅是一份意义非凡的"奖状"，更是激励和指引我们继续前行的美好蓝图！

（文字编辑：霍　瑶）

不破楼兰誓不还

我给业务当"参谋"

王宇红

2010年的深秋,王宇红收到两封offer,一封来自Top美资公司,一封来自华为。此前她曾在E公司任职十年,做过子公司的财务总监。论待遇,美资公司的综合报酬高于华为;论职业习惯,她已经熟谙外企的工作模式,但儿子的一个问题启发了她:"妈妈,瑞典只有八百多万人口,却有爱立信、沃尔沃等百年老店,咱们中国十几亿人口,百年科技公司却很少,为什么呀?"

十天后,她加入华为,成为数据通信产品线财务专家,开启职业生涯的新一站。她说,当时我回答不了儿子的问题,但我选择在实践中找寻答案。从产品线到海外地区部再回总部,从固网产品线财经到区域财经再到运营商业务财经,她当过管理者,做过专家。近年来,她拥有了一个新岗位：合同场景师（综合交易与经营类）。

运营商业务明确要求，合同场景师要对准合同，解决交易领域的难题，能够通过影响客户进而促成高质量合同的生成和履行；并希望合同场景师要能识别他人看不到的问题或机会，提出原创性的解决方案，做到别人做不到的事，而不是与各业务部门拉通，简单的赞同或附和。在王宇红的主管和同事眼里，她就是这样的合同场景师，有着基于二十多年行业经验的商业敏感。更重要的是，她坦诚谦逊，敢于并善于坚持自己的专业判断，懂得换位思考，善于和客户沟通，让每一个见过她的客户都予以尊重和认可。

她和客户打交道从不用名片。她只是 Carol（卡洛琳，作者的英文名）。她说话不疾不徐，不急不躁，声音不大，但每句话都让人听得清楚、明白，温和中自带一种不容轻视和忽略的气场。同事评价她气质优雅，是华为人中不太多的能用温柔的语气表达坚定的立场和观点的人。

她喜欢用"静水潜流、上善若水"八个字来形容自己所追求的处事智慧。一名真正的专家，不需要标签加持，不需要咄咄逼人，而是在工作中展现其专业能力和人格魅力，令人信服，这才是专家。

以下是她的讲述——

正心诚意，用专业打开一线的信任之门

"B地区部目前风险客户较多，经营风险大。宇红，你是从

那里回来的，能不能协助一线，聚焦把这个问题梳理分析清楚并解决？"2020年下半年的一天，运营商业务的CFO马俊飞问我。

我曾在华为B区域财经管理部工作五年，主要参与该区域战略规划和年度商业计划（预算）的拟定和投标项目的综合评审等工作，曾多次应一线项目组邀请，参与复杂项目投标和风险项目的客户谈判。2017年回到运营商业务售前财经管理部。2020年以后，我有幸成为运营商业务财经领域的一名合同场景师，负责B区域重大或复杂场景的项目决策支撑，目的是助力该区域持续稳健经营。

怎么破题？CFO提出从风险客户这个"小口子"切入。

可CFO抛出的题目也不小，如何解题又成为我们新的困惑。比如，一线是否需要你？你能为一线提供什么样的解决方案？一线是否会认可？就像人与人之间信任的基础在于彼此尊重、以诚相待。我熟悉B区域市场和客户，对那里也有较深的感情。我真心希望能通过自身的专业能力，为一线做点什么。

带着这样的初衷，2020年10月开始，我和助理林茜蒙花了近两个月的时间，详细分析了B区域过去五年的经营状况，包括地区部每个代表处、每个重要客户群自身的经营情况，再对比B区域通信市场过去七年的发展规律以及TOP客户七年的经营情况。B区域拥有独特的人文地理环境、丰富的自然资源，资源和人口的不均衡，使其成为全球投资者最爱的投资市场之一。随着全球运营商数字化转型加速，资本市场更是日益活跃，资本渗入到ICT（信息和通信技术）行业，吸引了更多资本玩家参与,由此衍生出很多"鲶鱼"型风险客户。而我们要做生意,不可避免地要和这些风险客户打交道。毫不夸张地说,B区域可谓是全球营商环境最复杂的区域之一。

通过大量的观察和数据分析,我们发现,2017年、2020年,B区域运营商业务经营经历了两次拐点,整体呈现出规模和盈利双下滑趋势。其中,风险客户对我司收入和盈利占比在持续提升。为避免分析有失偏颇,我们又主动找周边业务部门如合同商务、解决方案和营销的管理团队以及专家们一起讨论数据背后的业务逻辑和问题根因。将近一个月的时间,我们在充分听取各方意见分析后认为:除了受外部宏观环境影响外,我们在B区域经营出现双下滑更主要的原因是自身经营存在"三个失衡"。简言之,我们和风险客户合作规模占比提高了,从短期看盈利较好,但从长期来说,华为风险敞口逐步凸显,对经营将产生负面冲击。

最终,我们提出了"B区域客户群经营和市场策略思考"的报告,并分享给一线主官。运营商业务的CFO高度重视,推荐我们到运营商业务的办公会议上做汇报。

此前地区部较少从客户群维度、产业维度以及宏观层面综合来做长周期的历史经营回溯,我们的分析报告提出的部分问题有些尖锐。但是,我们用数据说话、揭示经营中存在的问题的出发点是正心诚意为了改进区域的经营。CFO鼓励我说,华为的主官都是非常开放的。最终,汇报较为顺利,运营商业务行政管理团队和一线主官基本认可了报告中的逻辑和主要观点。这为我们协助B区域解决经营风险问题找到了突破口,也成为日后我们和一线建立合作互信的"敲门砖"。

手沾泥土，敢于说"不"

2021年，我的PBC（个人绩效承诺）明确：B区域运营商业务经营改进目标——这也是我作为合同场景师的目标，要做到经营风险可管理。

也就是说，B区域运营商业务的经营结果和我个人的绩效挂钩。每一个合同场景师对口一个区域，要以一己之力去帮助一个区域达成它们的经营目标，题目依然很大，难度也不小。客户及项目财经是离一线作战最近的财经团队，合同场景师作为这个团队中的"火箭头"，我们更多的是"补位"，要想尽办法支撑区域，帮助区域补齐能力的不足。

考验很快就来了。2021年2月农历新年除夕，我突然接到大洋彼岸M国一线的电话，"宇红姐，N客户申请业务重组，请你参会讨论。我们该怎么办？"

靴子落地前其实早有预兆。2020年年中，我们和总部信用专家分析了客户财报，发现客户给我们的订单业务量虽然较大，但其经营状况出现了严重资不抵债，很可能在2021年面临现金断流、对银行到期债务违约的问题。我们联络总部信用和销售融资以及产品解决方案等方面的专家组成专家组，多次和一线项目组开会，预警客户自身存在的经营风险，并商议是否调整我们的经营策略，以及如何帮助客户提升销售收入，改进其现金流状况。

2020年底,一线打来电话问询:"宇红姐,友商退出部分市场,客户愿意交给华为交付,盈利很好,这会进一步改进我们的市场格局。我们可以接吗?"

我没有正面回答,而是换了一种问法:"客户的经营情况不乐观,这个时候,其他供应商都撤了,这意味着什么?我们看到短期盈利,可是自身风险敞口会越来越大。"

一个项目的经营风险往往需要较长的周期才能规避或缓释。管理责任人在一线,但作为合同场景师,在关键性节点上提供专业建议并引导其降低风险,这是我们的天职。经过反复斟酌,一线主官最终决定,不接受友商退出的份额。而华为交付部分,也主动和客户商议优化配置、降低成本。

如今,客户提出重组,再次印证了我们此前的预判,客户的现金流将断链。

客户提出的业务重组方案,是债务展期至××年还款,同时银行继续提供融资资源,供应商继续交付直到完成网络覆盖目标。在一线找我们之前,客户股东已经多次就此方案找了一线做沟通。

一线陷入纠结:要不要说服银行继续给客户提供融资?如果现在不"补血",客户肯定"死"了,客户的欠款我们就有可能收不回来了;如果"补血",我们还会有收入,客户说不定也能重新发展起来……

但是考虑基本的商业逻辑,当一家公司出现资不抵债、现金流接近断链并提出业务重组之时,第一责任人首当其冲是股东,股东要对其经营结果负责,优先考虑股本增资;而银行和供应商等债权人，基于确定性债权收益，提供服务，不对客户整体的经营结果负责，也不分享客户利润收益。同时，结合所在国的国家公司法规定，当公司累计亏损超过股本金的2/3时，该公司就具备了进入破产清算的条件，无非是法外重组还是法内重组的问题。

我们和一线管理团队沟通、对标：作为供应商，华为只是整体债权人的一分子，且偿债优先级偏后；如果华为来"补血"，根本无法填补客户的"窟窿"，只会"失血"更多。同时，融资银行因为客户违约，也提出暂停放款。最终，一线主官决定：项目立即"止血"，以降低华为风险敞口作为管理底线。

原以为这件事暂告一段落，几个月后，我和助理林茜蒙前往M国出差，客户群本地主管见到我的第一句话是："Carol，为什么我们不能说服银行继续放款，帮助客户将网络覆盖目标达成呢？"

我反过来问他："那为啥股东不愿意继续足额注资，完成网络覆盖目标呢？"

"因为股东投资损失已经很大了，咱们债权人损失相对少点。"他回答。

这听起来似乎很有道理，但覆巢之下，焉有完卵。在深深感受到一线所承担的经营压力的同时，但是我更意识到，虽然一线主管做出了决定，但一线还是没有充分理解商业的基本逻辑。

作为合同场景师，我们要不断"布道"：企业的股东角色和责任，以及债权人的角色和责任，二者的不同在哪里？我还判断，如果此项目客户股东不能足额注资建网，很可能政府将出面"救火",因为该项目是政府主导的典型的新商业模式。

值得高兴的是,2022年初,当我再次出差到该项目组,客户群本地主管见到我的第一句话是:"Carol,正如你所料,政府出面投资了。债务重组后,N客户将继续建网,朝着网络覆盖目标逐步推进。"

我想,所谓财经的专业性,就是在任何时候都要有知识储备和定力。本着为一线持续稳健经营着想,基于商业运营的基本逻辑和法律规范,敢于并善于坚持做正确的事情。更重要的是,积极联合周边财经专业团队(销售融资、信用、资金等)和业务管理团队的明白人,不断"布道",协助一线管理团队做好项目风险管控。

或许是这件事让一线看到合同场景师的专业价值,且真正为一线着想,他们对我的信任渐深。以前我们是被动响应一线的需求,现在一线有问题,会在早期和我们沟通具体方案的可行性,有任何与经营有关的重大变化点也会提前知会我们。

我们在与一线的不断沟通中,也愈发了解一线面临的挑战和困难。比如,在项目售前阶段,一线对客户群做专题考察,尤其是对客户挣钱逻辑和经营痛点,缺乏深入的剖析。于是,我们联合一线的PFC一道对代表处主要客户群展开考察,并主动和业务管理团队分享,听取他们意见。与会业务主管评价说:"你们分享的客户财报考察,是我们业务真正能听得懂的语言。"

朴实的评价,是最好的鼓励。作为样本,我们考虑并逐步向区域其他代表处赋能,把能力建在一线PFC自己手中。

合同场景师不仅是参谋,支撑销售决策团队决策,也需要参与具体的作战,补位、协助项目组将解决方案落实。只有手沾泥土,"下田种地",才能更有效地融入业务,并帮助一线建立起自己的风险管理能力,而一线也会给予我们足够的尊重和信任。

格物致知,学会与客户共舞

2022年3月下旬,我应邀参加B区域地区部召开的业务和财经年会。为期五天的年会,我仔细倾听地区部经营目标研讨和管理思路以及区域CFO们研讨运营商业务的经营挑战和机遇,深感收获颇丰。随后,我应邀出差五个代表处所在的主要国家和城市,了解一线经营情况,和新员工点对点沟通,协助一线作战。

5月的一天,我收到公司E系统部管理团队的求助:"我司收到E客户某个子网公司破产清算的正式通知,系统部向子网公司客户要求清理逾期应付账款,但子网客户公司表示资金紧缺,且清算阶段付款需要政府审批,待完成资产清算后再考虑如何偿付供应商欠款。"

钱收不回来,一线非常焦虑,地区部立即成立了专项工作组,希望华为总部派专家到现场支持,我应邀前往。仔细阅读了客户集团CEO发来的子网破产清算通知函后,我的第一直觉是先看看子网客户公司的最新财报,华为作为债权人的回款机会有多大。

收到客户财报原文,我发现情况不妙!

我随即联系E系统部CFO,请他和系统部业务主管达成共识:基于客户破产子网公司的财务状况,以其财力恐怕无法偿付我司逾期款,华为必须通过高层和客户集团高层沟通,来达成客户子网公司逾期款清理的解决方案。

而且,客户子网公司清算,属于其集团董事会决定,或者是其集团董事会早有准备之举。我建议地区部运营商业务主管也第一时间正式回函给客户集团CEO,表明华为态度和对逾期款清理的诉求,推动客户集团层面重视,寻找解决方案。

得益于系统部和客户近年来建立的良好合作关系,E系统部很快组织与客户集团CTO、CFO、CPO(首席采购官)的密集沟通,同时预约客户CEO与华为高层正式交流,明确子网公司的逾期款清理方案。销售融资专家王文景,曾经和E客户就债务重组方案成功打过交道,主动草拟CEO回函供一线参考。我立刻飞往客户在E国的总部,参与和客户现场交流。而此时,地区部运营商财经和业务主管已提前抵达现场。大家群策群力,开始共同解决这一难题。

第二天上午,我们和一线作战团队一起前往客户办公室,和客户CEO等管理团队成员见面沟通。地区部领导远程视频接入交流会,这足见华为的重视程度。一线同事向客户CEO介绍我是从华为总部过来的专家,双方礼节性握了握手。谈判由一线主导,双方高层达成基本共识,未来一周聚焦解决方案的拟定。

在我们打道回府的途中,办事处主管突然收到客户 CEO 的短信,他希望单独见一见我,时间就在当天下午。

似乎在意料之中,我自然如约前往。

格物致知,先理解客户,才能对症下药。早在 2015 年,我就和客户打过交道。客户在 B 区域拥有十几张子网,近年来华为和客户多数子网公司均有合作,市场份额较好。客户集团 CEO 具有丰富的行业经验,而其集团掌门人擅长高杠杆资本运作且对于通信行业有着独特理解和投资洞见。华为要在 B 区域立足发展,不可避免地会和这类客户"共舞"。而要做好风险管理,保障自身利益不受损,并和客户达成共赢,这并非轻松之举。

我们交流的时间并不长,十分钟左右。秉承"开放、至诚守信、专业"的思路,我们坦诚开放地谈及过往长达十余年的曲折合作经历,双方构建起来的合作伙伴关系来之不易。

客户 CEO 说:"去年 A 国给我们施压,要求搬走华为设备,我拒绝了。"

我微笑回应道:"非常感谢。但另一方面,华为帮助贵司在交付难度很大的国家建网,迅速发展业务,也给贵司带来了巨大收益。"

"我非常满意华为的服务,我们的子网公司破产清算,是营商环境变化和盈利艰难下的不得已选择。"CEO 颔首道。

"理解您,贵公司和华为是集团层面的合作伙伴,您旗下的子网公司清算对我司的冲击,还是需要您从集团层面给予解决方案。作为战略伙伴,只有双赢,才能持续合作。"我再次明确表达我方的意图。

在谈话的最后，CEO 承诺，他们会找到一个合适的方案来解决子网公司的问题，并告诉我，如果今后华为有任何问题，可以直接找他沟通解决。随后的一周，借助客户和华为的"CTO 论坛会"契机，E 系统部紧锣密鼓和客户 CPO 对标，达成初步可行的方案。经双方 CEO 再次交流沟通，双方达成共识并明确了落实时间。

登机离开 E 国前，我给客户 CEO 写了一封简短的邮件。这是我一直以来的职业习惯，每见一次客户，离开时我都会给客户写一封邮件，对双方取得的合作共识点予以感谢。这是人与人之间基本的尊重，也是为未来搭建更加信任的平台做准备。不出意外，每次客户都会很快回复。这次，客户 CEO 反馈更是积极，他和他的管理团队，称赞华为团队在 CTO 论坛会上的表现"amazing"（令人惊讶），再次承诺一定解决子网公司逾期款问题，并希望未来和华为保持长期的合作。

那一刻，我的心里踏实了。6 月底，一线传来回款到账的喜讯，华为和客户合同条款也得到部分改善。与此同时，E 系统部对客户所有子网公司进行了风险排查，明确拟定了不同子网公司的风险敞口管理策略，密切跟踪客户集团动态，内部随时沟通，保持"如履薄冰"的警觉。

这件事给我很大的启发：经营管理其实是一门艺术。在全球运营商 5G 及数字化转型的过程中，可能越来越多的运营商面临合并或破产，华为可能会面临不止一起这样的事件，我们该怎么办？我总结了十六个字，即"商业敏感、快速响应、高举高打、速战速决"。善于借力，层层推进，管好客户业务重组给公司带来的风险。

仰望星空，感恩生命中所有的遇见

遥想当初决定来华为时，带着儿子提出的"大问题"，我原本只是想尝试一下不同企业的管理风格，但岁月的年轮一圈又一圈划过，不知不觉间竟是十二个轮回。

在华为，我看到了不一样的风景。业界没人敢去做的事，华为人敢去闯，而且一定会闯出一条路来；华为也为员工提供了一个巨大的平台空间，只要你愿意去发挥你的价值，你所做的贡献可以没有边界，但是你的价值迟早会被看见、被认可。我深深感受到"业务和财经、一线和总部"联合作战的重要性和必要性，"力出一孔，利出一孔"，让复杂的事情变得简单。我更感受到自己在这场旅程中不断挑战自我的极限，使自己变得更成熟。

人生有时很神奇。我遇见过很多人，优秀的、聪明的、奋斗的、可爱的、谦逊的、热情的，他们是客户、是主管、是同事、是朋友、是海外司机年幼的孩子、是达官显贵、是偶然相遇的陌生人。从他们身上，我学到很多。一个人，无论身处何地，面临何种境遇，只要拥有不断学习的能力，发挥专业价值，这将是谁也拿不走的无形资产。而这笔财富，将会伴随我一生。

我很幸运，每一次相遇，都是一段特别的旅程；

我也感恩，贡献必有回报，只是时间早晚而已；

我始终相信,事情再难,努力求索,必有收获。

正心诚意,才能不畏困难;格物致知,方能端敏练达。感谢所有的遇见,所有的历练,让我在华为的时光——生命中的每一天、每一刻——都弥足珍贵。

(文字编辑:肖晓峰)

在华为"画一根线"

宁拂晓

来到华为,是 35 岁的那一年,我跟自己较了劲。

当时我在一家外企做税务专家,已经碰到职业的天花板,进入了温曖水的状态。我是继续这样,还是逼自己一把,改换赛道?恰巧此时,一位熟识的朋友推荐我来华为:"华为正在花几千万美元干一件大事,你感不感兴趣?"

他口中的"大事"是对华为税务管理影响深远的集成税务遵从项目。"竟然有公司愿意花几千万美元,就为了确保税务遵从?"在当时的我看来,这简直是天方夜谭。我被华为的魄力和决心所震撼,于是欣然答应。

入职之初,我给自己定了一个小目标——在华为"画一根线"。这要提到一个对我影响很大的故事:有一次,福特公司一台电机出故障,大批检修工人反复检修都找不出问题。著名的物理学家、电机专家斯坦门茨被请来后,在电机的一个部位用粉笔画了一道线,一针见血地指出了故障位置。作为税务专家,我希望能够发挥专业能力,通过"画一根线",把税务风险和机会点提前、准确地识别出来,在风险爆发前解决。

全球第一张"不通过"的成绩单

来了以后,我才真正理解为什么集成税务遵从项目的推行势在必行。

华为业务遍及全球上百个国家和地区,而且发展迅速,而纳税遵从是税务团队支撑业务发展的基石和底座。面对快速增长到数百亿美元的税金现金流和数以万计的税法规则条文,税务管理需要通过一场凤凰涅槃式的变革,确保公司的全球纳税遵从,为业务发展保驾护航。当时由于各国税务规则的不清晰、华为业务场景的不匹配以及操作人员手工计税失误等众多原因,华为在全球各地的税务遵从表现参差不齐,仍有改进空间。每一笔从天而降的税务罚单,对于全球的代表处来说都是巨大的考验,税务人员疲于奔命,即使抗辩成功,也耗费大量的时间和管理成本。与其亡羊补牢,不如在最前端就把税务规则梳理清晰,把纳税需求嵌入到业务流程和日常运作当中,通过软件系统计税并及时申报,从而实现纳税遵从。在集团 CFO 孟晚舟的引领下,我们开始了一场"划时代"的变革。

但一项变革的推行不可能一蹴而就。印象最深的一次是 2017 年 7 月,入职半年左右,我加入了项目验收组,到 J 国审视项目落地情况。

我当时是比较乐观的，根据一线的报告，J国纳税遵从方案已准备就绪，代表处只要规则识别完整、准确，及时发布流程文件，落实在前端业务流程中改进要求，自动计税率达到95%以上，就能通过验收。这好比是一场开卷考试，试题和答案都提前告诉考生了。

但令人意外的是，到现场后我发现，J国代表处的财务报告关键控制进流程比例并不高，存在多个业务流程未发布的情形，自动计税率离验收标准相距甚远，在系统测试中并未完全跑通，一线人员和资源的投入捉襟见肘……一切都透露出临阵磨枪的仓促和慌乱。

我作为验收组的汇报人，很快就要向公司汇报J代表处推行集成纳税遵从项目的表现，内心一直在激烈挣扎。

"我要不要说真话？此前几个代表处推行的纳税遵从项目全部都是'通过'，我要给出第一个'不通过'的建议吗？这会对代表处有什么样的影响？"一连串问题在我的脑海里盘旋，我知道这会对代表处税务经理、CFO等干部的评价产生一定影响，这让我辗转反侧，彻夜难眠。

思考了一夜，我想通了，公司请我来，不是当老好人，而是希望我发挥作为税务专家的价值。我不仅要讲真话，而且要客观、公正、中立地陈述，尽量不带自己的主观解读。

第二天一早，偌大的会议室里，长方形的桌子两排分别坐着"考官"和"考生"——一边是由孟总带队的验收组成员，一边是地区部总裁、代表处代表以及地区部和代表处的CFO等。

等大家坐定，我开始一一阐述 J 国代表处在集成税务遵从项目落地中的各项表现："主流场景的 VAT（增值税）自动计税未跑通""财务报告关键控制测评不完整""未建立有效的例行管理机制""初验得分 72 分"……为了印证这些结论，我拿出了详细的数据支撑和验证材料。

随着这些表现的被发布，"考生"们的表情从一开始的轻松，逐渐变得严肃，最后纷纷皱起了眉头，甚至低下了头。"考官"们也阴沉着脸，一言不发。现场一片沉寂，会议室里弥漫着令人窒息的紧张气氛。

"初验不通过！"孟总没有理会"考生"们的解释，给出了验收结论。

这张全球第一个"不通过"的成绩单，如洪钟大吕迅速传遍华为全球各个代表处，深刻影响着集成税务遵从项目在全球各地的推行：各代表处真正意识到，落实纳税遵从变革项目，公司是"动真格"的，纳税遵从是各个代表处最重要的工作之一，不能马虎大意、搪塞应对。与其等着全球各国的税务局来检验我们的遵从情况，不如自纠自查，把税务风险消灭在前端，在流程中进行管理，让"黑天鹅"在我们的咖啡杯中跳舞。税务专家画下这样一条"不通过"的线，是为了把标准立起来，明确公司的要求和方向。

在税制最复杂的国家"吃螃蟹"

2017 年 8 月，我作为中东 S 国的集成纳税遵从项目推行组的组长，和八位成员一起，来到这个神奇的国度。我们要在一个月里完成对该国税务规则及风险梳理，并把税务遵从诉求嵌入到业务流程和日常运作中，实现计税申报的准确。

第一次来到本地顾问的办公室，我指着一面墙的大书柜，和顾问寒暄："您这么爱看书啊！"

顾问笑着解释说："不，这些都是税法。"

我一怔，吓了一大跳。怪不得说S国是全球税制最复杂的国家之一，既有国家税法，也有省级税法，这满满当当一大书柜的税法书籍就可见一斑。

一直以来我有一个习惯，花上几天时间仔细研读每个国家的税法原文，从中找疑惑和机会点，再和当地的顾问讨论。但显然这次没法延续这个方法了，我转而开始了解华为在S国做生意的业务场景，再根据业务场景来匹配相应的税法。

在S国，每个省的税法、税制和税率都不同，比如在J省，根据合同类型不同，代扣的税额也不同。对于TK（交钥匙项目）合同，税务局代扣6.5%的代扣税；对于非TK合同需分场景，分别代扣3%、4%或者8%的代扣税。如果判断错误，这就可能给客户或者华为带来损失。只有把这些规则都细致梳理出来，落实到流程里，通过系统控制和计税，才可能避免人为操作的失误。

如何自动实现"分省计税"？从税务角度来看，最简单的方法就是，在前期签署合同的时候，我们就和客户确定好在哪些省交付多少金额站点和设备，并在华为的合同注册系统中做好标记，这样数据流到后端商务开票系统时，就可以自动分省计算出每张发票所需要的税金。

这样的做法曾在加拿大、印度等国家成功应用，但在S国是否可以落地、客户是什么态度，我们决定在不影响业务的情况下和客户沟通。

"是否有可能在合同里写清楚，设备到货地具体到哪个省？"我小心翼翼地提出了疑问。

客户一听我们的提议，就连连摆手："这不可能！"原来S国所有运营商都没有这样的习惯和作业方式。

"自动分省计税能够帮助双方避免税务损失……"尽管我们据理力争，但客户并不买账："我们不打算这么做。"

这个答案虽然令人沮丧，但在我们意料之中。更重要的是，通过对业务的梳理，我们了解到，在实际操作中，合同签署阶段无法确定具体省份交付的数量和金额，同时合同变更是家常便饭。如果强行改变当地做生意的方式，这可能成为一线和客户的负担，也会增加后续开票和纳税错误的风险。

"对税务最简单的方案，未必是对业务最优的啊！"我在心里暗自思忖，在"天时地利人和"都不具备的情况下，如果硬要第一个吃"螃蟹"，不仅不好吃，还可能把牙齿硌掉，这并不是明智的选择。

我转而寻找第二套方案：既然前端环节没有办法优化，能否在验收环节分省验收？尽管税务模块可能更复杂，但从整个系统角度来看，不失为一种新的思路。我们立刻拉通了各个环节的业务人员，围绕如何在验收环节明确各个省的站点和设备情况，进一步展开讨论，通过在验收流程中增加分省验收的标准动作，最终在开票系统中实现了自动"分省计税"的目标。

不仅如此，经过项目推行团队和代表处各业务部门的不懈努力，我们不仅有效解读了本国税务规则并付诸实践，识别出当前税务遵从的潜在风险场景，也和一线结合实际研究制定了税务风险应对及解决方案，并实现了系统的优化和上线。梅花香自苦寒来，S国纳税遵从变革项目顺利被验收通过。

不过，此时的我还不知道，我和中东的缘分才刚刚开始。

消灭千万美元潜在风险

2018年10月，我刚结束在财经战略预备队的培训和实战，面临一个新的选择：要不要外派？外派去哪儿？

恰逢此时，为了减少海湾地区合作委员会国家对石油收入的依赖，阿拉伯联合酋长国、沙特阿拉伯等中东国家开始增收VAT。领导觉得我作为VAT方面的专家，在中东地区部可以发挥所长，于是询问我的意见。本来我加入华为就是为了"折腾"一下，探索更多的专业可能性，所以我没有怎么犹豫，就接受了公司的安排。为了不给自己留后路，我拖家带口从上海来到了中东。

由于增值税刚启动，部分中东国家的税务局只是把西方的一套规定照搬过来。具体到什么设备要征税，哪些场景要征税，有哪些特殊情况，很多的税务规则税务局自己也说不清楚，这给我们的业务带来了极大挑战。

举个例子，华为在中东某国准备卖带安装服务的设备，设备部分是否要开具 5% 税票缴纳增值税？鉴于各国税法各有差异，职业的敏感让我对此格外关注：如果这个规则判断不准确的话，纳税遵从就有系统性风险，我们是否有充分的税法依据支撑，是否有潜在的纳税遵从风险？我一头扎进了该国税法的研读中。在和本地顾问深入沟通后，我认为本地现有税法规则不清晰，会带来纳税遵从的不确定性，建议尽快和税务局正式沟通，让税务局澄清相关规则。但是其他专家表达了不同的观点，认为从本地税务局一直以来的实践看，似乎是默认不用缴纳增值税的。

问，还是不问？

我对自己的专业判断是有信心的。任何问题都应该回归常识，找到最底层的逻辑。从专业的角度看，可以思考两个问题：从税务局角度看，卖设备不交税，其对应的安装服务费要交税，这是否符合税法常识；一个合同里，价值 100 万元的基站不征税，而 20 万元的安装服务费却要征税，这是否符合税务局征管逻辑？如果答案是否定的，那么纳税遵从就是有潜在风险的。

诚然，目前本地税法没有明确、清晰的答案，如果我们不去和税局做确认，想当然地执行税法，几年之后当税务局对华为展开税审时，可能会认定这是华为有意为之，这将是一个谁都无法承受的巨大风险，不仅要付出巨额的罚金，还会破坏华为一贯合规遵从的形象。我坚持认为，应该以规则的确定性应对未来的不确定性，主动对税务局提出问询。最终，我的观点得到了专家、顾问及公司领导的支持。

2019 年 7 月，经过长时间等待后，本地税务局给了我们正式的税法规则说明：该场景下需要开具 5% 税票并缴纳增值税。靴子落地，我们也把未来风险扼杀在襁褓之中。

一直到 2020 年 8 月，也就是一年之后，该国税务局才正式公开宣布：离岸公司销售带安装的设备，需要就设备部分开具 5% 税票并缴纳增值税。假若我们不是先行一步，而是被动等待税务局去公开澄清规则，华为可能要承担千万美元以上的罚款，陷入艰苦卓绝的税审抗辩中。

税审抗辩哪怕打得再精彩，也是我们被迫迎战的选择。作为税务专家，我应该具备的是"画一条风险线"的能力，防微杜渐，提前把风险揪出来，并且敢于坚持自己的专业判断。

近在咫尺的爆炸

2019 年 7 月，我继续负责 F 国推行落地集成税务遵从项目。华为在该国的业务量比较小，但我还是延续此前的习惯：仔细梳理每一条税务规则。记得出发前一天，我捧着一本当地税法小册子，"死磕"到深夜两点。突然，一条"收入拨备"的条款映入眼帘，我感觉一下被击中了。

我们签合同时，比如 100 万元的合同，会预留一部分作为收入拨备，实际缴税时，华为一直是按照 100 万元作为收入来交税，但是 F 国税法规定，应税收入可以基于国际会计准则确认的收入交税，即根据收入扣减拨备后的金额交税。如果我们能和税务局确认华为适用这条税法，那么代表处的税金负担会减少！说干就干，我打算第二天即刻拜访税务局，确认一下我的理解是否准确。

第二天早上8：30，我和华为F国CFO王靖、税务经理周霞、Noor（华为外籍员工）一起，乘坐厚重的防弹卡车，从华为代表处的办公室准时出发。

车开过一段泥泞的土路，驶上了首都主干道。不一会儿，一旁的Noor突然接到安保主管的电话。

"你们几个都安全吗？"电话那头语气急促。

"发生了什么事？"我们面面相觑。

安保主管解释说，可能是办公室附近发生爆炸了，现在窗户和房子都在震动。在车上的我们，感叹老天保佑，躲过一劫，继续朝税务局方向开去。

但过了没五分钟，安保主管再次打来电话："你们马上返回办公室！危险！"

我还没明白状况，Noor已经熟练地拿出手机，拍下了马路尽头的蘑菇云。蓝蓝的天空顿时变得灰蒙蒙的，夹杂着火光。马路上的警笛声和急救车的鸣笛声交织在一起，我们的车也很快被淹没在一片烟云雾绕之中……我猛地反应过来：是炸弹爆炸！

"赶紧给税务局打电话，说我们遇到意外没法来拜访了！"我大声对Noor说。打完电话，我们赶紧返回办公室。

后来，我们才知道是税务局附近遇到了恐怖袭击。那天下午，从来没见过这种场面的周霞，手一直在抖。为了缓解她的紧张，我们决定张罗一顿消夜给她压压惊。厨师炒培根，王靖煮鸡蛋汤，我做了吹牛已久的炒土豆丝，大家凑在一起吃饭。

不破楼兰誓不还

我劝脸色惨白的周霞"明天就别去税务局了"，可她一秒都没有犹豫："不，我不怕，我和你们一起去。"

第二天局势稳定，我们一伙人继续开过坑坑洼洼的道路去拜访税务局，平静得仿佛什么事也没有发生过。倒是税务局的工作人员看到我们，一脸惊讶："什么都无法阻止你们华为人！"

通过多次来回沟通，我们成功获得了税务局对于"收入拨备"的税法规则说明——华为可以按照扣减拨备后的收入交税。这一规则的落地，为代表处减少了大量现金流出，有力地支撑了代表处的经营。等我们离开后，代表处的税务经理接力不懈，把其他纳税遵从遗留问题闭环解决，集成税务遵从项目在 F 国成功落地。

"挖"出数百万美元退税

每一本税法中都藏着待挖掘的宝藏。2020 年 9 月，我在评估 M 国集成税务遵从自主运营情况时，又从该国税法中"挖"出了一个新的机会点：软件代扣税。

在国际惯例里 M 国是非 OECD（经济合作与发展组织）国家，实践上非 OECD 国家普遍对跨境软件交付征收代扣税，华为也遵循这一惯例。但是对本地税法条文细节咬文嚼字抠字眼后，我发现了 M 国税法的特立独行：那就是明确规定，只有"使用软件"才需要缴纳代扣税。

一瞬间，整个世界"亮"了起来，我全身的细胞也为之雀跃：

"国内法在实践中更占上风！有戏！"

我紧紧"咬"住这个细节条款，进一步分析：给本地客户销售华为软件，当地子公司自己并没有使用软件的实际行为，实质上是"分销"。这意味着本地子公司可以主张不需要缴纳代扣税。

有了这个技术切入点，我们很快向税务局进行征询。2020年底，税务局回复了软件代扣税免税的税法解释，认可当地子公司采购的分销软件结算，不需要缴纳代扣税。

这个结果让我们欢欣鼓舞，但是我还有更大的"野心"。按照税务局的税法解读，那么历史上已经缴纳的代扣税是否可以退呢？一方面，如果能获取退税，对子公司来说，无疑是一笔巨大的现金流；另一方面，更重要的是，可以进一步明确税法规则，让税局没有"变卦"的可能，用规则的确定性应对长期不确定性的问题。

2021年，我们开始聚焦软件代扣税退税的推进工作。本地税务经理曹彩云接下这个接力棒。她协同机关、地区部一起完成详细的数据、风险和策略对标工作，邀请顾问进行退税可行性分析。

然而，分析的结果并不乐观，顾问认为华为几乎不可能获取退税，"只能试试但希望渺茫"。

顾问的"没信心"如兜头的一盆凉水，让我迅速冷静下来。华为是 M 国唯一申请软件代扣税税法解读和申请退税的企业；该国税法也明确表示，使用或有权使用软件是需要缴纳代扣税的，但是对使用权的界定在实践中还存在着一定的模糊理解。

不破楼兰誓不还

一旦税务局认定本地子公司具有软件的使用权,那么税务局可能撤回此前的税法解读,要求华为对 2020 年底后软件交易补交代扣税。这意味着,我们也可能面临"赔了夫人又折兵"的窘境。

是继续向前,还是就此放弃?基于已获取的税务局文书,我们经过反复的推演和思考,认为规则的确定性可信赖,退税具有较多可行性。我们决定冲一冲,这个冒险是值得的!

要说服税务局,不能打无准备之仗。我们从华为标准软件销售场景为切入点来介绍交易的属性,并结合关联协议、跟客户第三方协议内容组织专业分析:当地子公司不具有软件的使用权。同时,在一个月内,我们从华为真实业务场景、全球和本地法规等角度一一回应税务局的各种疑问。在此期间,我们提供了九版文档、召开了二十多次的现场澄清会。

临门一脚怎么踢?专业技术沟通成了最关键的一场战役。

2022 年 6 月 22 日上午,关键时刻来临。曹彩云、我和来自伦敦的两位代扣税专家来到税务局,现场就交易模式安排、软件的权利归属和转移等问题予以说明。税务局连续提出一系列疑问,其中最具"杀伤力"的莫过于此——"本地子公司是否有软件产品的使用权?"

"没有。我们认为如果子公司具备软件的使用权,就应该可以随意对软件进行修改、复制等操作,但实际上,本地子公司是没有这样的权力的。"

来自伦敦的代扣税专家见招拆招,基于全球的视野和经验,立足华为业务场景和 M 国税法、双边税收协定等,一再表示本地子公司不具有软件的使用权，分销软件的收入也不属于特许权使用费，不适用 10% 的代扣税。

为了增加说服力，我们引用了 OECD 和联合国对标准软件销售税收处理的意见，补充了华为在 P 国类似场景下的成功退税案例。

……

经过长时间的沉寂后，税务局的官员终于开口。令人意外的是，他基本认可了华为的专业观点，同时提出了进一步提供相关证明文档的要求。

2022 年 7 月 28 日，我们收到了税务局结案通知，宣布 0 金额关闭代扣税税审。又经过了一个多月的跟进和努力，9 月 4 日，子公司账户收到数百万美元的退税现金！

那一刻，大家都很激动，但我的心情却出奇的平静，好像一切都在预料之中。让我刻骨铭心的似乎永远不是成功的这一瞬间，而是那些不知道何时靴子会落地的忐忑时刻，是提心吊胆孤身走悬崖的绝望时刻，是竭尽全力却又依然无法让风险消灭的失落时刻……

契诃夫说："船锚是不怕埋没自己的，当人们看不见它的时候，就是它在为人类服务的时候。"作为税务专家，我渴望做"不被看见"的事——在风险还没有萌芽的时候就加以防范，制定预案，使危机在无形之中消除，或者是危机一露出端倪，就积极应对，化险为夷；而不是等到危机大面积发生、局面超出控制范围后再力挽狂澜，大伤元气。

不破楼兰誓不还

加入华为已经六年了,我很幸运,得以通过"画一根线",提前挖出了很多的风险或者机会点,为业务创造了价值。一战成名固然引人注目,默默无闻也一样值得骄傲。谁说站在光里的才算英雄?

(文字编辑:江晓奕)

丈量之路

小 量

列位看官,初次见面,请多多指教,这是我的名片——

【名字】:产品量纲

【生日】:2020 年 5 月

【住址】:PBI(产品基本信息)系统

【职责】:作为产品度量衡,统一产品"量"的语言,助力产业经营、业财联动

英雄美人,江湖故事,最好的部分都在传奇之后。

而我想讲的,是我波折重重的出生之路,以及路上遇到的他们——天还未亮时,勇敢走出去的人。

飘荡中的梦想

很久之前,我还身在"三界"之外,存在于一片混沌中。

不破楼兰誓不还

我的江湖外号叫作"产品计量单位",这个看似普通的词,落在华为ICT业务上却有了各种分身——台、套、个、站、载频、端口、线……即使是同一种产品,计量方式在公司内部也不统一,各部门对于产品数量的沟通完全是"鸡同鸭讲"。

比如,客户说我要波分端口,市场部门就会统计线路侧的业务板,供应部门就会统计线路侧的光模块,财经部门统计所有线路侧、支路侧的业务板和光模块的金额。如果有人问:"市场要多少?发货了多少?交付了多少?我们还有多少?供应计划是多少?"没有人能完整地回答出来。

这就类似于客户要买1个水果篮,市场部门翻译成:1个西瓜、2个苹果、3个梨子;供应部门理解为:1个海南麒麟瓜、2个陕西富士苹果、2个烟台秋月梨、1个赵州雪花梨;而到了财经部门,经营管理报告只能看到水果篮的金额,看不到各种水果和水果篮的数量,要分析盈利情况时,无法清晰定位到水果的成本、价格和搭配的问题。

为什么统一"度量衡"如此艰难?

我在岁月的长河中飘荡许久,希望能找到一处乐土让我安家,却发现处处都是异乡。我们公司的产品配置复杂又灵活,就如每款水果篮都可以搭配不同的水果,各责任中心(产品线、代表处、供应链)基于自身的需求,关注点不同,比如有的关注不同款型的水果篮,有的关注西瓜、苹果、梨……由于研发、销售、供应、交付对我没有统一的定义及规则,导致各种标准不一、口径不一的数量都是我的分身,散时各有神通,聚时一通乱舞。

在过去十多年的多个变革项目中,对如何"统一量纲语言,实现经营管理有额有量",公司进行了多次探索和尝试,但都没有找到合适的实现方式并落地。

渐渐的,连我自己都开始怀疑,我是否原本就不该存在这世上,支离破碎,就是我注定的宿命?

旧梦萌发了新芽

2018年,一个人的出现,让我的生命出现了转机。

他叫陈亮,有着清朗的眉目、熠熠生辉的眼神。他刚从研发调动到产品线财经,主管就对他说了一句话——你要像做研发一样做财经,研究一下怎么基于"物的规划",也就是依据产品数量来开展产业的预算和预测。

嗯?蜷缩在黑暗中的我立刻坐直了身体,这是代表各产品要建立"度量衡"了吗?犹如看到一束夺目的光点亮了我的天空,我紧紧跟着陈亮的脚步,和他一起踏上了寻找答案之旅。

开始,出奇顺利。我们了解到产品线本身就有对产品数量的统计,但还来不及高兴,就发现了问题——统计数量的对象不一致。

物的规划生成涉及三块:市场计划→集成计划→生产主计划,这三个部分的业务对象都不一致。市场计划对象是产品型号和报价项,集成计划对象是顶层编码和单列物料编码,生产主计划对象是物料编码;如果对象都不一致,就没有办法基于统一的对象,实现"数量—成本—价格"的预测。

而产品线计划委员会在决策时，不会关注各种编码这么细的颗粒度（约 30 万个编码），只会关心产品的情况（约 3000 个产品），业务人员就要手工把海量的物料编码转换成产品层级的数量，但转换标准取决于各作业人员自己的理解，标准不统一，也没有权威性，所以只能"做个参考"。

"唉，要是能有个统一的标准，还能用 IT 系统实现统计分析就好了。"一位产品线人员无意中的感叹，却让我差点泪流满面——原来，我的存在是有价值的！一直都有人试着塑造我的生命，只是力量微薄而分散，以至于我流浪在浩瀚无垠的 Excel 表格中，辗转飘零在不同人员的脑海里！

而与我同行的陈亮，似乎也感受到了我殷切的期盼，做出了一个饱含热情的计划——他来试着以 OLT（光线路终端）框式产品为原型，把我堂堂正正地搭建出来！

那段时间，他把自己封闭在机要室，查询历史上实际的设备收入及其成本的明细数据（部件编码层级），通过手工匹配的方式在 Excel 表格里构建了 3000 多个部件编码与产品量纲的映射关系，最终输出了 OLT 系列产品的数量、每款产品的价格和成本，能够清晰地看到各款产品盈利变化的具体原因。这就像找到了 3000 多种水果和各款水果篮的对应关系，分析出每款水果篮销售的数量、成本和价格，找到各款水果篮盈利或者亏损的原因。

陈亮约 OLT 的产品开发经理汇报了一次。我至今仍清晰记得，产品开发经理看到相关数据时那诧异又惊喜的眼神，他的第一句话就是："这个是你做的吗？之前可从来没有看到过这类盈利分析，这也太直观、太有价值了！"原本半小时的简短汇报延长到一个半小时，产品开发经理现场对影响盈利的产品数量、价格、成本、结构等因素逐一打开确认，识别原因并下达了改进任务。

"像做研发一样做财经"的陈亮，给了我巨大的信心和动力，产品量纲的价值与可行性，终于得到了验证！

但接下来的道路仍然迷雾重重——OLT 的成功如何在其他产品复制？基于产品量纲的数量、成本和价格是根据历史数据得来的，如何适配面向未来的计划？现在所有工作都是手工完成的，耗时耗力，要想搭建能规模应用的 IT 系统，预算从哪里来呢？

正当我们一筹莫展时，2019 年，IBF（集成预算预测）项目组递来了橄榄枝。六位财经专家和陈亮交流时产生了很多共鸣，普遍认可以产品量纲为核心、基于物的规划推演财务预算预测这条路。陈亮也如愿加入 IBF 大家庭。

至此，旧梦萌发了新芽，我也有了一种终于"找到组织"的感觉。

选择与谁同行，与要去的远方一样重要。

炎炎夏日中的刺骨寒风

紧张的工作就此拉开序幕，陈亮带领专题组成员搞业务分析、做调研、写方案，经过一个多月的忙碌终于完成《基于产品量纲的预算预测方案》，却没想到他在 IBF 项目组的评审会

上刚提出"产品量纲"这个概念时,就受到了前所未有的阻力与质疑:

"各领域不可能统一语言!"

"各业务视角和作业对象都不一样,根本不可能统一标准去定义量纲和统计数量。"

"什么是产品量纲?不能理解这到底是个什么东西?关键也找不到责任人。"

……

"简直是异想天开,产品量纲就是个不可能完成的任务!"这句话之后,整个会议现场顿时陷入死一般的沉寂中。

最后,项目组内部给出了初步结论:"在不改变各领域作业的前提下,通过数字化的思路来解决问题,专题组要聚焦经营管理层面,从方案落地的可行性角度进行验证,如果走不通,就没有继续往下走的必要。"

我惊呆了,炎炎夏日的窗外是炽烈的阳光和单调的蝉叫声,可我此刻只感觉到了刺骨的寒意。

原本十几人的专题组开始陆续撤离,一度导致项目停滞,无法推进,连陈亮也在无奈绝望之下离开了我,去了供应链,为公司的供应连续性默默贡献自己的力量。

就在我以为我又要再次回到暗无天日的等待中时,IBF项目产业组的组长郗才站了出来,主动请缨,带领产业组成员迎难而上,继续破题。

他和我以往见过的人有些不同。他曾在硝烟弥漫的销售战场里横刀立马,也曾在产品财经领域精耕细作。他深知统一量纲、从产品业务"量"的视角做经营管理的重要性。因此,他坚信我的价值,并将这股信念带到了整个团队。

他麾下几人出身各有不同,有做过核算的张慧,有做过产业经营的尹一玫和秦玉金,有做过产品配置端到端变革和订单履行的段晓亮,还有做过 PCI(产品配置实例)变革的陈军荣,以及来自产品数据架构领域的"大拿"常涌友情加盟。

就是这样一支"杂牌军",却聚成了一团熊熊燃烧的烈火,破开了我面前的坚冰。

对于"我长什么样",大家天天扎在郗才办公室里吵出天际。业务高手和财经高手在刀光剑影中你来我往,郗才就像个武林盟主,给予各路大侠一些中肯的点评和点拨,而产品数据高手则在旁苦思拆招,在一招一式中思索如何在数据架构中落地。

不断的分歧、争论、犯错、失败,最终收获了绝处逢生的灵感——为什么不能给我一个具有可拓展性和弹性的"骨架"呢?将产品量纲分类为整机、硬件、硬件 License(许可)、软件四大类,每一类定义自己的量纲,支撑不同领域从不同的视角去做管理;同时,在每一类下再设量纲分层,比如说波分的硬件量纲为端口,那么可以分层打开到 100G、200G、400G,这样可以支撑每个产业去进行代际结构、商业模式等方面的审视。记得当时段晓亮一拍手,说:"哎呀,行,这是个具有生命力的架构呀!"

我扫过一张张欢呼雀跃的脸,看到办公室一角摆放的蝴蝶兰开得正好。

不破楼兰誓不还

破土而出的希望

为了验证方案的可行性,郗才对小组成员说:"我不要看到你们坐在办公室,我要你们走出去,多跟各领域沟通讨论,理不辩不明。"于是大家分头行动,与产品线、业务线、供应、一线行销、质量与流程IT、区域财经、定价等各部门沟通,形成了169份调研文档,获取信息的半径变大了许多。也因为与各领域的碰撞,我前所未有地体会到"统一语言"的难得与值得。

对于"我该谁管"的问题,段晓亮通过各种途径约见产品线、财经领域的相关人员,"追"的手段可谓是花样百出,有的是通过正式汇报,有的则是在食堂中"偶遇",最后从大家的反馈中得到共识——产品量纲的制定要回到产品开发的源头上去解决,要在公司PBI数据库里面进行明确的定义。

对于"我有什么用"的问题,大家的交流对象从IRB(投资评审委员会)主任、产品线总裁、运营商总裁等管理者,到财务代表、一线产品经理、集成计划经理等作业人员。其中,时任产品与解决方案CFO的蔡立群说的一番话最能代表我的心声:"以前各领域在作业和管理自身业务时用的是四川话、广东话、上海话,大家坐在一起开会时彼此很难充分理解并达成统一。产品量纲是产品的度量衡,也是业务的普通话,可以让主官们更加理解业务的本质,看清楚业务的趋势,从而对重大问题产生正确的判断。"

经过充分验证的方案再次上IBF项目评审会时,项目组成员面对当初的质疑都能一一给出清晰的答案。仔细看完打样的产品业务量数据和分析报告，时任 IBF 项目经理的张国说了一句话："这就是大家想要的，既能为业务带来实际价值，也能在数据架构中落地。"

2019 年 11 月，集团财经 CFO 决策，同意产品量纲高阶方案，并确定了项目目标和建设思路。

至此，我终于看到了破土而出的希望，过程中的克服与对抗、冲突与妥协，就像是给我积攒养分和能量，都是为了保证未来的我能有健康且坚韧的生命力。

夏雨呼来醉彩虹

2020 年初，我的"出生"正式进入倒计时阶段，郗才给我挑的"良辰吉日"在 5 月底，因为在 6 月份的业务冲刺时期，如果我能上线，不仅可以支撑精准要货、快速核销，还可以帮助公司识别产品策略在一线落地的风险和问题。

此时，我的业务负责人，也就是我的"监护人"是谁就至关重要。

因为要统一语言，就意味着和产品相关的所有领域都要认这套语言，在蔡立群的积极推动下，我的"监护人"问题专门在 IPD-3T（集成产品开发　业务变革与 IT 管理团队）会议上进行决策，最终确定为商业设计代表，要在产品开发源头就定义产品量纲，在商业构想和商业设计阶段就思考产品怎么卖的问题，拉通研发、销售、供应、服务等领域共同在产品线会议上进行决策并发布。

但对于产品业务量的度量,即到底怎么统计我的数量,却众说纷纭,争吵不休。

比如无线的基站、光网络的终端、波分产品……它们的数量到底用怎样的标准数出来?传统的财务核算方式基本是"1+1=2"的逻辑,会遵循非常严苛的规则,但我们公司的产品配置却灵活多变,并非用一套标准配置打天下,这两者之间有无法调和的矛盾,也正是我苦苦飘荡数十年一直无法顺利出生的根因所在。

有一天,我听见郗才把我比喻成猪,我正要小宇宙爆发呢,却听见他接着说:"我们要数出一共有多少头猪,数猪头就好了,猪头就是最关键的报价项,可以不用管它有几条腿、几条尾巴。"

这个恰如其分的意外,创新性地解决了"量"的数字化统计思路,让我的未来柳暗花明:找到每个产品的关键报价项,以此来统计产品的数量与复杂多变的配置解耦。

终于确定了数量的统计方式,却还有一道难关等着我——怎么从"漏斗一样的数据管道"里查缺补漏。

产品的数量统计需要一条通畅的数据管道,但在实际情况中产品范围广,业务流长,场景复杂,而且跨多业务系统,方案难点多,各种报价项被散落在各个 IT 系统中,没有统一打通,管道还断断续续的,数据跑着跑着就七零八落了。我们要确保最后统计的业务量是准确的,就必须修建一条完整的管道,把所有报价项数据都补齐。而这个工作,是史无前例的。当有人知道我们居然要在本就无比紧张的工期里做这样一项大工程时,都无语地摇了摇头——真是无知者无畏啊！

但我却知道，我们的无畏并非源于无知，而是蛰伏许久后爆发出来的一腔孤勇——我们好不容易才迎来了生的希望，怎能征途未启就容忍残缺？

一方有难，八方来援。由业务、账务、数据和IT专家组成的混编团队迅速集结起来，顶着时间短、任务重的巨大压力，凝聚出了更蓬勃的爆发力。

每天开工就沏上一壶酽茶的张慧，是团队里的"定海神针"，在难点攻关时总是从不同角度反复挑战方案逻辑，在数据异常时总能快速对应到业务场景，一面风风火火，一面悬壶饮茶，那画面看起来，像极了与她同样生长于新疆的红柳，热烈而沉静。

号称"数据搬运工"的周健，酷跑达人张士飞，每周马拉松的司小康，从订货业务数据流到海量订货表再到订货报告，把层层关联的一百多个逻辑和规则逐条梳理，打开IT SQL（结构化查询语言）语句一一对照业务场景，建立海量订货表和中台的前后对应关系。

有两个小酒窝的黄凡暖，带点客家口音，不厌其烦地为大家讲述收入确认各环节和科目的限定逻辑。

白天拉着业务和IT同事讨论方案，充当智能翻译器，晚上探索数据、整理文档的张金波，成为诊治各种疑难杂症的"妙手仁医"。

还有空降专家印玉芳和吴佳森，在攻关收入方案时，解决了一个又一个的断点问题。

不破楼兰誓不还

我们一起封闭在会议室里攻关方案，整整两周，脑子里跑的都是数据源系统，手里画的都是数据流，用餐就点便宜、量又大的"关东风"外卖。等到闭关出来后，小伙伴们直呼"一年内都不想再看见饺子了"。

昏天黑地的付出，终于迎来了雨过天晴——5月23日，我正式出生！所有人一起振臂欢呼，而小组里的钢铁直男段晓亮却在角落里默默抹眼角。

我的眼睛也酸涩无比。这一段时光太过难忘，虽然艰辛无比，却始终有人陪伴，有人鼓舞，有人交相辉映。

我抬头望去，迷倒我的不是彩虹，而是在我面前涂鸦了一腔希望的人。

从庙堂之高到江湖之远

2020年6月，我开始了在产品线的应用，并作为业务决策的参考，收获了不少惊奇和赞赏，也被给予了更多的期待。

2020年10月，我在区域第一次露脸，被中国区集成计划调用，后来又引起了中国区移动系统部计划主管的重视，他挖掘出我更多的价值，让中国区在产品分货管理上更加精准有效。

2020年11月，我去了广东代表处，用产品业务量的新视角，来支撑敏捷经营，让代表处可以实时看到商业模式的执行进展、产品切换的闭环情况、各种产品的要货量与发货量，支撑代表处在市场战役中打得准、打得稳、打得省。

代表处主管从刚开始对我的"冷脸"，担心我的到来是给他们"加负""送枷锁",到后来对我热烈拥抱,直呼"太给力"……

回想我在中国区试点的经历,没有变革项目推行的行政指令,却完全依靠体现出的业务价值将用户的迟疑变成了热情。

从0到1是艰难的,从1到N是可以裂变的。

在我两周岁之际,我已像个小太阳一样充满元气,懂产业、懂业务,被十几个业务系统调用,成了百万大V,拥有一票粉丝。

不仅在一线"江湖"有我的身影,从"量"的视角支撑代表处产业经营策略落地、存货管理、计划管理;在机关"庙堂"也有我的行踪,从"量本价"的视角支撑集团业财联动管理、产业商业模式闭环等。

我曾看过一段话:人的一生,应该像一株水稻,在土地的怀抱里生根、长叶、开花、结实。到成熟的时候,低下头颅,就能看到生养我们的土地,依旧是那样的谦卑、宽厚、隐忍和真实。

我不知道我的一生还会经历些什么,但时间是把尺子,丈量着每一寸的付出与坚持,让我一直保持谦卑且迭代优化吧。明天的答案,都写在今天里。

(文字编辑:陈丹华)

不破楼兰誓不还

从"下厨房"到"上厅堂"

徐紫航

从密歇根湖畔到印度洋西岸

今天是我到肯尼亚的第六天,我迎来了第一次下站点的机会。

我们前往的是肯尼亚首都内罗毕郊外的一处站点。天气阴沉,不久前一场大雨刚刚结束,土路立刻变成泥淖,我们深一脚浅一脚地到达站点,开始学习铺设电缆和安装基站。转眼间头顶乌云浓密,暴雨又随时要来临。我深吸一口气,竟然恍惚有种身处阴雨前密歇根湖旁的感觉,不禁回想到以前——来华为前,我是什么样的?

美国芝加哥,高耸的大厦中一间小小的办公室里,一张大桌子,上面并排放置着三块屏幕。每块屏幕上的数字以秒计数在跳跃；聊天窗口弹出的订单金额，都是以亿为单位在交易。西装裙、高跟鞋、精致的妆容，早起一杯咖啡，午餐是半小时内解决的外卖，作为实习生，我正在努力适应金融机构的氛围和节奏。

来肯尼亚之前，作为芝加哥大学金融工程专业的学生，这就是我的生活，不出意料也会是我未来的生活。但无数个夜晚，当我加班完，走在白天喧嚣、夜晚却空无一人的街区，那种孤独感前所未有的强烈——在这个全世界财富的集中地，世俗令人艳羡的东西仿佛离自己很近，然而又与自己无关，我到底在追求什么？人生的意义是什么？

正如佩索阿的诗中所写："你不喜欢的每一天不是你的：你仅仅只是度过了它。"经历了一段时间的内心挣扎，我明确了自己要选择"离开"，于是我告别了芝加哥，离开了金融业，来到了印度洋西岸的非洲国家肯尼亚，成为一名华为财经人。

"快上车走吧，要下暴雨了！"司机的催促声把我拉回到现实。我正想探身进车，却看到一群刚放学的当地小朋友迎面走来。土路明明泥泞不堪，每个人却还把破破烂烂的塑料凉鞋拎在手上，光脚走着。看到我们这群亚洲人，他们眼里充满了新奇，大概是那种我小时候看见外国人的好奇感。他们用斯瓦希里语窃窃私语了一阵后，推出了其中一个小姑娘。她把塑料凉鞋放下，手用力地在衣服上蹭了蹭，试探性地伸向我，用蹩脚的英语问 What you do？（你们做什么）

虽然语法不对，但是看着小姑娘真诚质朴的眼神，我笑着回答道："我来这里是为了修路和网络，希望让大家生活得更好。"小姑娘快速地把我的回答翻译给同行的小伙伴,瞬间每个人都笑盈盈地看向我。接着,小姑娘大胆地拉起我的手说:"我们是好朋友了,我带你回家吃晚饭。"头顶乌云翻滚,但这一刻我仿佛看到乌云背后有万丈光芒想穿过罅隙,照射到大地上。此时此刻,我的人生价值仿佛明确了起来——尽己所能,多做点有价值的事。

以上片段,来源于2019年7月我刚到肯尼亚时写的日记。那时的我内心还带着刚毕业的大学生的青涩与敏感,以及选择跨行业进入华为的不确定性和不安感。未来是怎样,我其实也不知道,只是觉得突然找到了人生的小意义,我想去追寻。

从"下厨房"到"上厅堂"

初到肯尼亚代表处,我的岗位是企业网的PFC。而当时的我对PFC岗位的认知就是要做准"四算"(概算、预算、核算、决算),要优化成本。但从何做起?我一头雾水。

第一个月是痛苦的,面对企业网大项目,我一时间手忙脚乱,项目的真实性、合同评审、渠道评审……每一个环节一不留神就会埋下潜在风险,影响后端交付、回款。岗位日常例行操作其实并不多,但每一个项目不论金额大小,都需要小心、细致地管控,需要我快速学习并掌握大量细节信息,然后给出解决方案。慢慢我发现,被动的前进是不行的,我得主动起来。

怎么主动呢?除了自己学习,那必须是"喝咖啡"。我粘着项目组的组员聊天,跟前辈们请教。"咖啡千杯"下肚,"纸上"

经验满满。不过，这些经验需要"躬行"才能为我所用。有天，我逮到了一个机会——有一个挖沟埋缆的项目，工程分包框架马上要超预算了，但项目还没交付完，采购人员是个新员工，来问我怎么办，还要花多少钱？

我想了一下，首先要拆解这个问题，预计到项目结束还需要建多少站点，不同区域的站点模型基线是怎么样的。我下站点的经验派上了用场，外线站点的工序是挖沟、埋管、吹缆、回填，我结合实战经验建立单站模型和基线，然后考虑分包商队伍的人数、车辆和不同区域的安保等因素，建立分包商价格模型，最终通过"单站基线 × 数量"的方法就可以解答"还要花多少钱"的问题了。看着采购小伙伴若有所思点头的样子，我有点小骄傲和小兴奋。

而在梳理这个项目的过程中，我还捉到一只"小虫"：人井盖配套的钥匙是进口的，竟然要 65 美元，这都要赶上人井盖的价格了！我灵机一动：本地是否有替代品？这样可以有效降低成本呢！经过苦苦寻找，我们终于找到了本地产的钥匙，只需要 10 美元。55 美元就这样被我们省下来了！

这些点滴小事，让我逐渐感到了 PFC 的价值：一定要懂业务，才能助力业务成功，为业务保驾护航。

可能因为我是代表处第一批校招的留学生，初来乍到，大家对我都非常照顾，愿意给我很大的空间去干，去发挥，而我学到的一些"洋文化"也派上用场。比如我英语比较好，大家经常拿各种英文材料来求助我，甚至让我帮忙草拟给客户的函件。大家还愿意带着我见客户，一方面是和客户交流没有障碍，另一方面我们客户的高层中有很多人有欧美留学背景，和我有共同的留学经历和小话题。记得有位客户高层人士特别喜欢剑桥大学附近一家历史悠久的小酒馆，刚好我也去打卡过，有次偶然聊起来，他超级开心，说起招牌菜两眼放光……正是这些看似稀松平常的话题，让我与客户之间的距离自然而然地近了。所以，后来当我有机会和任总汇报工作的时候，他提到要"土洋结合"，我感触特别深。留学生初到非洲确实需要适应，但是必须要思考怎么把自己的优势发挥出来，比如在语言、思维方式等方面。PFC 工作就是一边要接地气，扎到业务里面去，另一边要把自己的专业、特长发挥出来。

这其中有件事情让我印象特别深。有一次，为了写好递交给政府客户和财政部的免税函申请，我专门研究了肯尼亚税法的免税政策，在厚厚的英语文件中"打滚"，了解各种专业用语，和专家、客户多次请教。慢慢地，我也成为"免税专家"，专业敏感度一天天地提升了起来。后来在管理分包 PO 时我发现，免税项目的 PO 税码维护混乱，初步计算错误的 VAT 金额高达 50 万美元，算上罚金可能有百万美元。为什么会这样？我暗自思忖，我们不都是系统自动集成税码吗？顺藤摸瓜，我一点点还原了流程，原来这个项目是特殊场景，PO 信息传回深圳总部后由人工维护"两优"项目免税税码，而由于免税政策发生过变化，中间也有人员更替，没有及时刷新，所以出现了种种错误。为了解决这个问题，我们从上万行的 PO 里梳理出了六种错误场景，然后一一摸索出了解决问题的方法。

问题得以顺利解决，我和团队都松了一口气。在这个过程中,作为最懂业务和能直接跟客户沟通的财经人员,我不知不觉成了挑大梁的人之一,为公司规避了损失。业务的同事也非常认可我的专业价值,还邀请我和税务经理给他们培训,这样的"意外收获"更让我看到了自己的价值。这段经历仿佛就像一个厨房小白刚下厨房的过程,过程可能是枯燥的,但只有亲自完成每一道工序,才能掌握佳肴的秘方,最终品尝美味。

完成了几个项目之后,我开始被赋予了越来越多的角色,同时也面临着各种挑战。系统部财经团队的第一个挑战,是冲刺 12 月回款。然而冲刺刚开始,我就偃旗息鼓了,因为当地政府外债过高,大幅调减了项目支出,预算全部被削减。我激情澎湃的心被一盆冷水浇灭。屋漏偏逢连夜雨,另一个上亿美元的项目订货也冲刺失败,整个团队士气低迷。

我们在乌云笼罩的状态下度过了三个月,也没有迎来任何阳光。所有事项没有任何进展,大家几乎天天去客户那儿蹲着,但只得到一个字"等"。事情仿佛陷入僵局无法前进,我逼迫自己跳出来重新思考突破口。为了回款,我们首先要搞清楚客户的预算问题:该国外债越来越高,政府是怎么做预算的?宏观经济和国家财政是什么关系?这些问题,我之前从来没有思考过,身边同事也没有人能讲清楚。这么大的命题,从哪里着手呢?

读了所有的预算法案,从几千页的材料里,我终于发现"蛛丝马迹",浓缩总结成两页文档。在和当地的代表和系统部部长汇报了以后,他们开始带着我到处"求学"和"游说"。我们拜访了该国通信部、财政部和议会议员,每一次跟客户喝咖啡,我都背着包、带着总结的两页纸，差不多的时候就拿出来跟客户请教，做好笔记再回去思考。这样来来回回一个月，我终于把流程和风险点梳理清晰。更重要的是，这个过程让我对该国的宏观经济也有了更深层次的理解，还建立了宏观风险分析模型供大家使用。

"笨鸟先飞"，果然管用。凭借着这段时间的一步步推动，我们赶上了年度预算制定的末班车，成功避免项目被延迟一年。整个团队士气高涨，第一座大山翻过去了！经过我们的继续努力，终于迎来圣诞节的前一天回款最后冲刺的"临门一脚"，我心急如焚，早上 7 点就到客户办公室蹲守，到了中午 12 点，客户终于开门对我说："You make it, best wishes!"（你成功了，祝贺你！）然后把厚厚的提款指令递给了我。那一刻我知道，一年的努力得到了回报，上帝终于给我开了一扇门！

如今回想起这一切，我最大的感悟就是要踏踏实实做好每一件事。见分包商、见客户、谈合同、了解流程、开经营分析会，每一个环节都要认真对待，不放过任何可节约的成本，也不要惧怕困难。作为 PFC，我也可以在客户界面发挥作用，"下得厨房"方能"上得厅堂"。

我竟然是任总想象中的 PFC

2020 年疫情暴发，大多数非洲国家也间歇性地颁布"禁止出行"的封锁政策，我们仍冲锋在一线。此时的我，早已不是当初在芝加哥街头对未来困惑的小姑娘，也不是刚来肯尼亚对复杂工作手足无措的财经新人。经历了"上厅堂、下厨房"的我，已经成为独立负责博茨瓦纳一个国家的财经人员。而疫情的隔离，让这份"独立"更加深刻。

记得我刚到博茨瓦纳两周，4月1日就开始封城，客户全部居家办公，因为客户办公无纸化程度还不高，很多重要文档都必须纸质传递，因此付款成了难题。对华为来说，两三个月的欠款收不回，现金流大规模负数，存款快到警戒线，将会面临发不出工资、付不出款的断流风险。新环境新挑战，怎么搞定回款，解决燃眉之急？

我们中方团队都是一群新人，有种初生牛犊不怕虎的劲头，就盯着那个目标，一起"发狠"。每天早上，中方、本地员工一起开英语晨会，布置一天的任务和目标。然后，大家带着里外里三层口罩，去见客户、下站点，把客户高层全部见了个遍。晚上，我们开会总结一天遇到的新问题。"三个臭皮匠顶个诸葛亮"，大家互相出主意。

只要能使上的招数，我们都愿意去做。比如封城期间，我们每天坚持申请通行证，然后把打印机搬回家，打印好上百张发票，再带着厚厚口罩，去找客户盖章签字……

工作群里，有每一天我们回款情况的直播：

"今天我这边100万元回款！"

"哇，太棒了！"

"我破了昨天的回款纪录！"

"赶紧给我蹭蹭喜气！"

……

不破楼兰誓不还

终于，我们在 8 月提前完成了现金流由负转正的任务。团队里每一个人都在感慨，原来我们可以这么厉害！如今，再翻看我们的工作群，我们的厉害似乎有迹可循，那都是大家一步一步闯出来的。

从肯尼亚来到博茨瓦纳，我最大的感触是，以前作为 PFC，我在不同环节奔跑着，亲身经历了售前、售后、采购、分包、开票、回款等华为业务的全流程，有种"任督二脉"被打通的感觉，但基本是从自己专业角度提出建议、支撑作战；而现在，我要配合办事处主任协同一个团队去达成目标，要负责困难时期的士气鼓舞，这是一个全新的领域，但是工作的意义似乎更为宏大了，对眼界、格局的要求也更高了。

2020 年 8 月，我有幸来到公司 EMT"20 分钟"栏目上，讲述了我进公司以来的一路摸爬滚打的经历。任总在听完我的"下厨房、上厅堂"的小故事后，对我说："感觉你就是我想象的 PFC！"我内心十分激动，这句话是对我一路走来的肯定，更是对未来我要乘风破浪的激励！

从一国到多国，从一个人到一群人

2022 年 1 月 22 日，是我四年合同期的最后一天，我成了南部非洲地区部多国管理部的 CFO，负责五个小国的经营管理。从 PFC 到 CFO，从单兵作战到带兵打仗，我在不断成长，并且开始带着一个团队成长。

如果单兵作战是往前冲，那么带兵打仗得学会往后退。

我们团队分散在赞比亚、纳米比亚、博茨瓦纳、马拉维和津巴布韦五个国家，很难聚在一起。很多新来的同事彼此间都还是"网友"。这种情况让我有些发愁，五国的国情和各自的业务环境不尽相同，津巴布韦和马拉维是 IMF（国际货币基金组织）清单里的 HIPC（重债穷国），并且面临严格的外汇管制。如何管理复杂的业务和分散的团队成为我的难题。"怎样事成人爽"，"怎样让我们成为最佳团队"，这是夜深人静时最常在我脑海里冒出来的两个问题。

路在脚下。初到多国的一个半月，我把五个国家全部走了一遍，跟本地员工座谈、见高层客户。此时，我猛然发现，原来我就是串起大家的那一条"线"。我要在大家背后默默做好支撑，必要时迎难而上解决问题。我学会了"往后退"，鼓励大家往前走。

怀着忐忑的心结束上岗的第一年，我交出一份让自己还算满意的答卷。业务部门对我们财经团队的点赞和表扬，成为我最大的成就感。虽然 2022 年，供应、采购、CCFM（合同商务及履行管理部）合并至财经部门，原本 15 人的团队扩充到 35 人，这给我在团队管理和团队协作上带来更大的挑战，但是我始终牢记专业精深是基础，服务作战是本心。我已经不是一个人，我会带领一群人，继续向着前方，向着未来，前进！

初到肯尼亚，与当地小朋友相遇的场景被我记录在日记里，也时常浮现在我眼前。曾经，我毫不犹豫地放言"我是来建设非洲，让生活更美好的"。现在，我也真正做到了：在赞比亚，我们不光在运营商市场帮助客户取得商业成功，还和政府

不破楼兰誓不还

合作农网项目，实现了80%的偏远郊区的信号覆盖，让农村居民也可以自由上网、打电话；在马拉维，我们的骨干光缆项目所建设的政务数据中心，可以帮助当地政府更好地实现社会管理……我们所做的这一切，让非洲农村有了网络、当地政务数字化，让当地人民的生活更加便捷，让非洲更美好。

我还记得，当年深夜在芝加哥街头踩着细高跟踽踽独行时的内心纠结。我很庆幸，自己做了这个最好的决定——来到华为。回望自己成长的一路，五年走过七个国家，与政府高层、运营商高层对话，这样的挑战和成就感是过去的金融工作无法带给我的。"狂野非洲"赐予我的体验与经历，是重塑我的世界观的重要一课。参与华为在非洲市场的"信息基建"，不断发挥个人能量，这一切正是我一直追寻的人生价值和意义。

鲜衣怒马少年时，不负韶华行且知。

（文字编辑：霍　瑶）

管好资金这件"小"事

王 灿

记得林清玄在散文《大与小》中写过一个令人捧腹的故事：一个亲戚的姑婆，一生从来没有穿过合脚的鞋子，常穿着巨大的鞋子走来走去；儿女晚辈如果问她，她就会说，大、小号都是一样的价钱，为什么不买大号的呢？

这个故事告诉我们，很多时候，人们都执着于追求"大"，而看不上"小"。2017 年 8 月，从清华大学金融系硕士毕业后，我加入华为，成为一名财经人。在最初的日子里，我也曾为做的是最基础的"小"事而失落过、苦闷过，但如今的我，有了截然不同的理解。

尽小者大，慎微者著，再大的建筑也是由一木一石叠起来的，何妨不做这一木一石呢？

不破楼兰誓不还

8.36 美元，为什么老是你

入职华为资金结算部的第一周，我和往常一样，打开了资金结算系统，一串熟悉的数字在眼前跳动：8.36 美元。

我揉了揉干涩的双眼，疑窦丛生：怎么老是这个数字？

我负责华为香港总公司的结算工作只有短短一周，但这个数字已经频繁出现多次。几乎每一笔来自华为海外子公司的付款，华为香港总公司的账户都会被收取一笔 8.36 美元的手续费，尽管有时候这个数字藏得很隐蔽，不容易被发现。

手续费的存在导致账户"本应收到的钱"与"实际收到的钱"不相符。为此，我每天都要花近一个小时一一核对备注信息，逐笔核对差异款项，进行手工核销。这不仅费事，更令人费解。

"这到底是什么手续费？照理说，我们和银行之间都有合作协议，不应该收手续费啊！"我一边想，一边在脑子里算起了这笔账。8.36 美元看起来金额不大，但每天涉及近百笔，如果其他客户的回款也被这样收取，累积起来是一个不容小觑的数字。我想找到问题的答案。

同事解释说："这个问题，我们曾经和收款银行确认过，从付款银行到收款银行，要通过中间行，8.36 美元是手续费。"

"哦。"我貌似明白地胡乱应了一声，心里还是不踏实，于是再次询问了收款银行。果然，和同事说得一样，对方回复称："这是中间行手续费。"

银行的专业回答毋庸置疑，既然如此肯定地答复我们，似乎没什么可担心的，我在心里说服了自己。但紧接着，一个新的问题又从心底缓缓升起:那么,怎样才能避免中间行的手续费呢?

显然,这个问题超出了同事们的了解范畴。正巧当时由于工作原因,我和一个荷兰合作银行的专家接触较多,对方专业精深且有问必答,我决定向他取经。很幸运,邮件发出去没多久,专家就给我带来了一个好消息:"有一种双报文(Cover Payment)的支付模式,可以避免中间行的手续费。"

我喜不自禁,真是踏破铁鞋无觅处,得来全不费功夫啊!简单打个比方,原来我们收付款走的是设了中间行收费站的"私人道路",每经过一个收费站,就要被收取手续费,但采用"双报文"支付模式后,就可以走银行之间的"公路"——由于银行之间有打包协议,不再会被收费。不过,专家也提醒我,这种模式对于银行的资质有较高要求。

为了搞清楚"双报文"支付的使用场景,我查询了大量资料,并多次向专家请教,和部门的同事们做了分享和讨论。大家都为我打破砂锅问到底的劲头叫好,鼓励我继续深挖。于是,我开始和各子公司的支付银行一一沟通,询问是否可以使用"双报文"支付的模式给香港总公司付款。我美滋滋地想,如果这条路真的可行,能给公司省不少钱呢!

然而,出乎意料的是,几天后,一个付款银行给我回邮件说:"我们一直使用的就是这种支付模式。"

什么?大大的问号塞满了我的脑袋,让我半天缓不过神来。为了证实对方的话,我找付款银行要到了付款的报文,然后拿着证据再次找到收款银行,询问"8.36美元究竟是什么费用?"

这一回，收款银行的回答从言之凿凿变成了支支吾吾，含糊地表示会尽快核实。

等了一两周，银行还是没有给我答复。看来，这是要采取拖延战术啊！我没有放弃，每周都坚持给银行的工作人员发邮件、打电话询问进展……这样一直"追"到第三个月，理亏词穷的收款银行终于招架不住，承认了 8.36 美元并非中间行手续费，而是他们收款入账的手续费，并且承诺即刻停止收费。

这件事不仅使我告别了手工核销的烦琐工作，还给公司创造了实实在在的价值。我查询了近两年扣费记录，发现仅在关联收款上就能节省上万美元的手续费，如果算上客户回款的场景，一年预计可节省的成本多达几十万美元。

后续，我又针对手续费类型、中间行手续费收取过程、资金清算的记账操作、清算与 SWIFT（全球银行间金融电信协会）的关系等环节进行研究，并将这些内容在团队中分享。这些学习让我牢牢掌握了资金清算、结算的知识，成了大家眼中的"小专家"。

现在想来，这只是一件并不起眼的小事，但却让我感受到大大的成就感。原来，基础的支付作业背后竟有如此多的"宝藏"等着我去挖掘。如果我只是不屑一顾，敷衍了事，机会早就在无谓的叹息中悄悄地溜走了。

诡异的"16 点风暴"

2018 年，我从资金结算部调到了现金管理部，负责接口华为中亚区域（现欧亚区域）所有现金的相关业务。

不久，我就注意到一个诡异的"16点风暴"现象：每天北京时间的16点，待我审核的资金调拨条目会突然暴增——前一小时还是寥寥数条，后一小时就变成了三四十条。而且，这些条目出奇的雷同，都是土耳其对香港的预付款调拨申请。不过，金额大小不一，大的有上万美元，小的只有100多美元。而根据我在资金结算部时调研的结果，每一笔国际调拨都有最低20欧元、最高100欧元的手续费成本。

"怎么回事？土耳其会有如此多的预付款操作？为何这些预付款不能合并成一笔操作，减少手续费？"一连串的问题，争先恐后地从我的脑袋里蹦出来。

但区域的资金经理催得急，我只好任凭疑问在头顶盘旋一会儿，把精力集中在审核操作上。我紧盯着屏幕，一一核对这些预付款操作是否符合公司的政策规定，如紧绷的弓弦一般，不敢有丝毫的放松。突然，我发现一处电子流填写有误，立刻驳回。通过区域资金经理修改，紧赶慢赶，我们在银行下班前完成了所有的操作。

此刻，我终于可以坐下来好好了解一下情况了。通过咨询和收集资料，我发现，土耳其有一条信贷进出口法规。该法规规定，常规信贷进口需要交6%的特殊费用，而预付款则不用缴纳该费用。华为大量的终端业务应收账款周转天数短，可以支撑预付款操作，所以华为土耳其近年来调拨申请显著增加。

不过，这些申请为什么不能合并为一笔？我心里的疑惑越发膨胀，赶紧把土耳其的本地资金经理拉上了会议。

"因为银行要求每笔预付款需要备注对应的清关发票号，

不破楼兰誓不还

需一一匹配，我们只好逐笔支付。"电话一接通，对方就叫苦不迭说："你不知道，我每天要花两个小时一条条填写申请啊！"语气中尽显疲惫。

这样费时费力的工作，难道就没有办法解决吗？我首先联系了付款银行，咨询是否可以合并支付。银行的回复给我浇了一盆冷水："不行，银行的备注信息有长度限制，合并在一起就超字数了。"

这条路走不通，那就换一条路。我从华为内部入手，拉通行管部门与COE（能力中心）一起升级改造电子流，把原来逐笔手工发起的方式，改为通过模板批量上传，后续所有环节也因此避免了逐笔审核和操作的麻烦。这样一来，区域本地资金经理每天只要花20分钟就能创建申请，我在后端只要花5分钟就能完成复核，硬生生地"省"出了2个小时。

除此之外，考虑到大量的小额调拨需要收取手续费，并不划算，我们立即找到土耳其消费者业务和运营商业务供应链的相关负责人沟通解决方案。供应链承诺之后的正常业务不会发小于1000美元的单，对可以合并的单也尽力合并，以此减少小金额的预付款申请。

发票"消消乐"

"16点风暴"刚刚平息，土耳其区域资金经理告知我，预付款还有个更大的问题，给子公司带来了巨额的汇兑损失。

听到"巨额"两个字，我心头一沉，顿时感觉大事不妙。

果然，情况比想象得更严重。根据账务规则，预付款形成了子公司的资产（非货币性外币资产），这部分会和发货后产生的子公司关联应付账款（货币性外币负债）通过账务核销抵消。打个比方，预付 100 元钱买 1 个西瓜、5 个苹果、10 根香蕉，到货后小贩给了 3 张不同金额的发票。那就要把 100 元和这 3 张发票对应上，账面上才能互相抵消。

但账务的同事发现，预付款支付金额和应付发票分别维护在账务和供应链系统，并非一一匹配，而且也很难找到彼此的对应关系，这导致子公司大量的货币性外币负债，需要在月末进行价值重估。恰逢当时土耳其本币里拉处于快速贬值期，这给子公司带来了大额的汇兑损失。摆在我面前的任务是，解决预付款和应付发票之间的匹配关系，协助账务进行核销。

我想，既然没有办法直接建立预付款和应付发票的匹配关系，那是否可以通过中介间接建立关系？这就像在玩"消消乐"游戏，找到彼此之间的共同点是闯关的关键。

我和账务、供应链的同事一起，从下发订货需求，到发货、清关、付款的全流程，看看每个人手上有什么东西，是否可以关联起来。这样一梳理，乱成一团麻的关系瞬间清晰了：我能拿到应付发票，供应链同事能找到箱单号和清关发票，账务人员手上有预付款；只要先找到应付发票与箱单号，以及箱单号与清关发票对应的匹配关系，再结合清关发票和预付款之间的匹配关系，就能完成预付款和应付发票之间的匹配关系。

简单说来，这就是通过"A—B—C—D"的彼此关联，迂回找到 A 和 D 之间的对应关系。有了对应关系，我们就会很快完成存量应付发票的"消消乐",反冲了之前产生的大额汇率损失。后续账务也开始拉通供应链,建立 IT 系统进行匹配,彻底解决这个问题。

这件事让我看到,再难解的乱麻也有突破口,将小事做细,并在做事的细节中不断总结经验,才能在关键时刻靠得住、顶上去。

一次艰难的币种优化

"这个话题有谈论的必要吗?"客户凌厉的眼神像刀刃一样锋利,把我到嘴边的话堵了回去。

时间顷刻停止了!我愣在原地,不知所措,面颊开始发烫,鼻尖不断冒出细密的汗珠,脑子里一片空白。

这是我作为资金经理,第一次直面客户。2019 年,在集团总部历练两年后,我前往南部非洲地区部担任区域资金经理。正值公司推行币种优化,我出差 K 国支持某大运营商系统部,和客户沟通操作币种优化的可行性。

为了说服客户,此前我已经详尽分析了涉及国家的外汇管理政策、当地其他客户的切换成功案例,还准备了多种切换方案供客户选择。可是,我刚打开电脑准备展示 PPT,就被客户生硬地打断了。

"我问你两个问题,我们费力切换能给我们带来什么好处?你们想切换欧元,为什么不能同意我们切换本币?"没等我反应,客户的两连问狠狠地砸过来,让我彻底没了还手之力,只剩下尴尬的静默。

看形势不对，客户经理赶紧出来打圆场，解释了币种优化的背景，建议客户先听一听，不合适也可以讨论。见气氛稍有缓和，我赶紧抓住机会阐述方案的具体情况。

客户心不在焉地听完方案，不屑地笑了笑，表示"华为应该拿出更多的诚意来"，然后头也不回地走出办公室，匆匆结束了会议。对于客户的反应，我其实是有心理准备的，毕竟币种优化不是一个短期的行为，需要持续的坚持和推动，但接下来漫长且艰难的谈判和沟通仍远超我的预期。

客户首先提出，如果要切换，需要使用固定汇率切换报价，并且要维持三年。这显然是一个"下下策"，未来是充满不确定性的，固定汇率会让华为和客户都遭遇很大的外汇风险。为了拿出强有力的证据，我从各大商业银行和彭博系统（可查阅和分析实时的金融市场数据的终端）中导出各币种未来的汇率预测，并评估风险和影响，支撑一线继续和客户沟通。

在专业的分析和外部汇率快速变动的事实下，客户同意退让一步，放弃固定汇率的方案，而采用回款时点即期汇率切换。这算是我们取得的一个小小的胜利。

然而，还没来得及高兴，客户又提出了更多异议。比如，汇率的来源到底以哪个银行的为准、具体操作如何进行等。我拿出过往成功案例的操作模式作为参考，在汇率来源上，建议客户选择一家我们都有开户的银行作为汇率的来源行，并和售前财经、客户财经的同事一起字斟句酌地修改条款内容，争取在保障华为权益的前提下，拿出客户同意的版本。

不破楼兰誓不还

在经历了数十次谈判和修改后，客户最终同意了我们的切换协议版本。但由于客户变动等原因，协议的签署还是拖了一年时间，直到2022年才尘埃落定。

这次漫长的谈判让我看到一线作战的不容易。对于公司来说，每一笔看似不起眼的小钱，都是大家辛辛苦苦打下的"粮食"，是公司的利润，所以我们在谈判中死"抠"每一个细节，坚定地守住底线，力求实现华为和客户的最大双赢。

做好每一件小事

大学毕业时，我同期的同学普遍加入了投行、证券公司，而我坚定地选择了华为，希望借由这个广阔的平台，接触到最前沿的资金领域，干一些大事。但现在我才发现，根本没有所谓的大事。如果说大事是脊椎，小事就是构成脊椎的每一个骨节。只有把小事做精，把细事做透，才能专业、迅速地支撑一线解决问题，才能守好公司的资金大坝。

此刻的我，坐在南非花园式的办公室里，看着窗外的夕阳把周围的建筑晕染成金色，黄昏微妙的淡紫色从天际漫开，缓缓流入辉煌的落霞中。我想，前方一定有更绚烂的故事等着我去撰写。

（文字编辑：江晓奕）

缪会计闯非洲

缪劲松

毛里求斯篇

初见毛里求斯

2018年11月22日,入职毛里求斯账务共享中心的第一天,我没见到沙滩,也没见到大海。部门的涵姐从该国首都机场接到我后,一路马不停蹄赶往公司。

在靠近公司时,眼前出现了三栋红顶建筑,涵姐转过头和我说:"你看,那就是咱们公司,地处伊本,是整个毛里求斯的经济中心,号称毛里求斯的'陆家嘴'。"

毛里求斯陆家嘴?我的脑海中顿时浮现出上海外滩、香港维多利亚港似的城市森林的模样。于是,我探出头往车窗外看了看，映入眼帘中的是一片凹凸不平的草地，上面零星点缀着几座小别墅，再辅以道路一侧孤零零的几座写字楼。

这就是太平洋岛国、传说中的天堂原乡吗？冷不丁，我又想到，成为社会人的第一步，竟然是从这样一个略显荒凉的地方开始吗？

第一抔土

因为入职时间完美"撞车"年度结账的缘故，在初来乍到的几个月里，我并不曾有太多接触真实业务的机会，更多的时间里几乎都是在学习本职工作岗位相关的会计政策、流程文档和系统方案中度过。直到次年的 1 月，我才第一次有机会接触到真实的工作场景。

那是一个来自肯尼亚某项目的财经同事的电话，咨询的是一个司空见惯的疑似财报数据异常问题。我如获至宝，立马打开数据表开始热火朝天地忙活，却始终没能从异常的数据中看出个名堂来。但是，我不想就此失去区域财经同事的信任，觉得我就是一个啥都不懂的新员工。因此，虽然心里仍犯嘀咕，我还是胸有成竹地对电话那头焦急等待的同事说："这数据确实很怪，按照我的判断，这应该就是个 IT Bug（错误），我这边帮你联系下系统的 IT 同事，尽快修正一下。"

IT Bug, IT Bug, 之后的四年，我遇到的真正的 IT Bug，一只手就能数得过来。

也许是听到了我石破天惊的结论，也许是注意到了财经同事挂断电话前略显犹豫的嘟囔，导师闲哥询问我发生了什么事。我向他解释事情的来龙去脉，只见闲哥三下五除二便做了一个数据透视表，拉出一个叫作"JE Source Name（数据来源名）"与一个叫作"JE Category Name（数据类别名）"的字段，顿时，如同变戏法般，原本令人摸不着头脑的数据，突然整齐划一地归为若干大类，每一笔账务数据的业务背景、系统来源、核算金额都直观地展示在我眼前，一目了然。导致财报结果异常的那一笔赫然在列：两个字段的来源明细提示是由于合同拆分、金额变动导致的反冲影响。

随后，闲哥又打开合同注册系统，输入这单合同号信息后，指着屏幕中最新版本的变更明细对我说："这是IT Bug吗？这单合同在本月做了一次合同变更，调减了合同整体金额，导致了历史已确认收入的反冲，这就是正常业务变更导致数据反冲的标准逻辑啊！在给业务和财经同事答疑之前，你得学会看数据来源啊！"

就这样，我苦心经营半小时有余的"第一抔土"，在导师十秒钟不到的"金手指"中现出原形。这件事情给懵懂无知的我上了宝贵的一课，让我对于账务的严谨性有了更具象的理解：在自己无法做出专业判断时，不要轻易下定论，更不要信口开河。从那以后，作为共享中心账务角色所说的每一句话，我都确保自己能够为之负责。

那一年，终于能够独当一面

如果站在2019年底回望过去的一整年，在某种程度上来说，

不破楼兰誓不还

我终于迎来了工作生涯的第一个小高峰，也逐步从年初那种懵懂困惑的状态中挣脱出来，成为团队中能够独当一面的中坚力量。

依稀记得，在年初刚接手团队企业业务销售核算部的月度结账管理与手工核算两项工作时，自己尚未完成新员工试用期的考核答辩，主管的信任固然令我心头一暖，但一转身便不得不面对严峻的现实考验——一方面是自身缺乏销售核算相关工作经验的积淀，初期探索举步维艰；另一方面，2019年号称公司全球企业业务销售核算元年，各种流程与系统方案基本上一无所有，一切都从零开始。

好在共享中心可谓兵强马壮，有足够多各行各路的专家能够答疑解惑，也有足够多的外部优秀实践足以参考。既然企业业务销售核算本端流程尚处于刀耕火种的阶段，那不妨先学习成熟的运转多年的运营商业务销售核算流程吧，至少两者在某种意义上也算是殊途同归。

正所谓万事开头难，但一旦明确方向之后，后续的环节只不过是兵来将挡、水来土掩。独立管理结账的第一个月，我拿着共享中心部门的结账总体日历与运营商业务销售核算部门的结账个性化日历，看着近五十项结账期的作业清单，我反反复复研究了两天，再结合部门内工龄三年的两位"前辈"的一些个性化输入，终于在2月会计期前输出了企业业务销售核算部结账的个性化日历的第一版，每一个时间节点对应的操作步骤、操作系统与流程责任人，自此一目了然。

当我在部门月度例会上完成了结账准备的汇报之后，看到各位前辈纷纷点头赞许时，我颇有成就感。从某种意义上来说，团队也是第一次摆脱了曾经旁听运营商业务核算团队例会的这种"寄人篱下"的命运，终于能够独立有序地完成烦琐的一项项月度结账事宜。

结账流程从"无"到"有"之后，作为责任人的我思考下一步便是如何从"有"到"优"。

当时共享中心层面最重要的结账指标就是"会计核算准确率"，而我们团队在这个指标上还栽过跟头，半年之内认领了两笔会计差错。因此，为了"一雪前耻"，确保指标的达成，我仔细研究了团队历史上几次会计差错案例的成因，并参考了销售、税金以及付款核算团队已有的一些机制，再结合企业业务销售核算场景中的一些个性化痛点，整合了一套集"事前建手册""事中管监控""事后抓复盘"于一体的结账作业质量的滚动管理机制。

我花了接近一个月的时间，把非洲区域所有可能涉及会计核算的场景整理出一份清单，并对每一个场景都输出了一份"所见即所得"的会计操作手册，力求从场景背景、根因覆盖到实际系统操作的每一个细枝末节，指导后续会计的手工作业，确保所有可能涉及的核算场景都有据可依、有章可循。

"事中管监控"就是在每个月度结账过程中，我要求会计每一笔手工核算都需要抄送给我，我再逐一做一次复核，为核算质量再添一道堤坝；而复盘就是每做完一次结账就打一个"小结"。在每个月度结账结束后，我会迅速组织复盘，将结账管理过程中由复核或者责任人环节拦截的会计作业质量案例与各团队成员逐一分享。同时，借助共享中心的平台优势，我还会定期和其他共享中心的场景责任人定期交流，获取全球各个共享中心出现的会计差错案例，提炼成宝贵的案例学习赋能材料，在团队内部宣讲，提高团队整体的核算能力。

事实证明，精耕细作的结账质量管理模式的实施收到了回报。自2019年初披挂上阵，至2021年春解甲归田，长达二十四个月的时间里，企业业务销售核算部再无会计差错，连续两年获得的核算质量精工奖，无疑是对我最大的肯定和褒奖。

手工核算也几乎经历了与结账管理相同的"开荒"之旅。经过一年有余的精耕细作，我与全球其他共享中心的专项责任人通力合作，最终独立输出了11份手工核算场景的操作指导，同步完成了51个其他核算场景操作指导内容的审视，提出了26项修改建议并获采纳。

2019年的年底，企业业务销售核算流程终于有了属于自己的流程与系统方案，虽说文档细节在质量上还有待进一步的精雕细琢，但至少，我们终于可以自豪地宣布，企业业务销售核算自此告别了黑灯瞎火作业的年代，后续的每一个场景、每一个动作都将有据可依。

无论你来或不来，山，在那儿等你

工作之余，在天堂原乡的海天一色里，我和小伙伴们还挖掘出了不少有趣之事。

首先是2020年赶上了不解风情的疫情。自3月第一周毛里求斯宣布举国居家隔离之日起，我突然玩兴大发，打算从这一天开始蓄须明志，不到解除隔离的那一天，绝不剃除大胡子。

有这样的雄心壮志的前提是，本以为疫情在这片弹丸之地最多肆虐十天半个月，哪想到最后整整居家了两个半月。

2020年5月31日，是个值得纪念的日子，因为在这一天，我终于告别了陪伴自己80天有余的大胡子，并成为当天朋友圈里的爆款。其中，一位同事的评论最为意味深长——"还是留着胡子比较帅，毕竟挡得多一点。"

然后便是疫情后的报复性娱乐。我和另一拨志同道合的小伙伴们，组建了毛里求斯登山小分队，立志于开发那些未曾被华为前辈们造访过的野山。

整整半年，每个周六上午是雷打不动的登山小分队集结日，年底我还输出了一份毛里求斯登山操作指导。在新打卡的九座山峰中，我们有幸为其中的三座山进行了独家中文"冠名"，以至于近两年后，当我在公司内部社区与毛里求斯新同事的朋友圈中，无意中看到了"平顶山""魔鬼山"这些由自己首创的名字时，有种终于自己也当了一次前辈的感觉。

2021年初，我在朋友圈写下了一句话："期待新的一年解锁更多未知，窗山、双子山、斑竹山……不论何年何月，山，都在那儿等你。"

未曾料到，写完这句话的三个月后，我踏上了象牙海岸的新征程，成为一名CA。那些曾经许下的小目标，似乎未曾开启就已经谢幕。

只不过，谁又说得准是不是真的结束了呢？

不破楼兰誓不还

科特迪瓦篇

阿比让的苍黄

落地阿比让的那天,是当地的星期一,还是公共假日。临行前,不少同事告诉我阿比让是西非"小巴黎"、灯红酒绿云云,然而当我历经千辛万苦通过海关走出机场的时候,迎接我的却是满目的苍黄。

苍黄的天,苍黄的尘土,苍黄的建筑物,再不见毛里求斯的碧海蓝天。在机场回宿舍的短短十分钟车程里,我目光在窗外游离着,感受着这陌生的一切,身上穿着的外套,显得有些不合时宜的燥热。这就是真实的非洲热土,我日夜翘首等待与选择的路——我未来两三年的战场。

第二抔土

这里先补充一下 CA 的背景。CA 的工作职责大体可以分为三大块:LTC 收入、PTP 支付以及子公司法人财报管理。而在共享中心时,我接触的仅仅是 LTC 收入成本领域的一小块。

那是第一次接到来自科特迪瓦项目经理的电话,咨询的是一个司空见惯的付款问题。供应商一直抱怨没收到款,他让我核实一下付款进展与卡点。一听到是与 PTP 支付相关的问题,我的大脑顿时一片空白,只好咬牙努力回忆囫囵吞枣式吸收的一些系统知识，赌博般将项目经理提供的发票信息填到一些我都不知道具体含义的检索框里，然后暗暗希望奇迹发生——能够弹出一些有参考价值的页面。

然而这次运气没有眷顾我。那通电话大概持续了三十分钟，具体细节现已不甚清楚，只记得我没能给项目经理提供任何实质性的建议，一切恍若回到了两年前在毛里求斯的那个下午。束手无策的我只能不断安抚电话另一头的同事，并拍着胸脯承诺——问题已经基本搞明白，再给点时间就能完全闭环。

"漫长"的通话终于结束，我长舒一口气，顾不上收拾零碎的挫败感，赶紧拨通了地区部 PTP 支付专家的求助电话。眼见 PTP 专家快刀斩乱麻般就解决了困扰我许久的问题，心中忍不住感叹一声，CA 之路漫漫其修远兮。

"我们最后做到了！"

科特迪瓦代表处的法人财报审计，是出了名难"啃"的硬骨头。从子公司数量上看，总共有五家子公司，终审自 1 月底启动后基本上呈现齐头并进的态势，每天晚上五花八门的 PBC（审计准备表）与审计师要求雪片般朝我飞来，令我深感分身乏术。而从审计难度上看，每家子公司的审计师风格不尽相同，各有各的脾气，尤其是贝宁与科特迪瓦两家子公司，来之前就听说不脱一层皮都甭想看到审计报告的真容。而我恰恰又是初来乍到，第一次面对审计的挑战，难免有些惴惴不安。

在 2 月先后搞定了几内亚、布基纳法索与多哥三家子公司后,难啃的两块"骨头"果然还是留到了3月。

第一块硬骨头便是贝宁子公司的财报审计。2022年贝宁子公司新换了一位审计组长,脾气不小,不太好打交道。从3月的第一周开始,他便甩出了一份包含十六个待澄清问题的清单。考虑到审计师擅长法语,而我只懂英语,为了让沟通更便利,我特意邀请了毛里求斯账务共享中心本地政策专家,协助提供审计澄清与解释说明。然而,万万没想到的是,在先后召开了三次会议、每次会议时长都接近四个小时的情况下,最终呈现在我们面前的还有十四个问题。更糟心的是,每次我们澄清完,对方既不表态,又没有进一步提出质疑,只是在一周之后再给我们发一版补充提问。

如此循环两周后,我深感时间不妙,毕竟离3月31日签署审计报告的时间节点愈发近了,然而审计界面却看不到丝毫乐观的进展。最终,我只好将问题升级,联系驻该国的财务同事"举手"到了合伙人的层级。在合伙人的推动下,最后一次的沟通、澄清由审计经理亲自坐镇,会议从下午3点开始,一直持续到了晚上9点。当审计经理亲口说出"C'est Bon(没问题了)"的那一瞬间,煎熬等待的所有人终于长长地舒了一口气。

但我的审计征程还没有结束。在搞定贝宁审计的当晚,科特迪瓦子公司的审计却仍然处于瓶颈期。其实,在审计开工会前夕,面对从合伙人到审计经理再到审计组长的全盘大换血,我大致有个心理预判,今年的审计形势严峻程度,相较历年恐怕只增不减。但实际终审期间遇到的挑战,较预判可谓有过之而无不及。

首先,审计团队核心成员的大面积更替,意味着审计团队对于华为财报逻辑与流程方案基本上一无所知，即使是最简单的账务处理逻辑，也需要从零开始与审计师逐一讲解。而这在一定程度上影响了审计进展的节奏，导致两周的预审结束后，仍然遗留大量未澄清的问题。而且审计团队内部时常存在着信息不对称等各种偏差，这使得我们的本地审计执行人不得不就同一个问询向不同角色做多次澄清。而给整个审计进度最后一击的是，在进入审计冲刺阶段的关键时候，审计团队核心成员轮番病倒，最困难之时只能够抽出一名新入职员工来支撑审计验证作业。

面对这些"极端"情况，从3月中旬开始，我基本上每天都泡在审计师的办公室里，和仅存的几位审计抓紧一切宝贵的时间逐一核实前期遗留的待跟进事项。然后，我在下班后马不停蹄赶回宿舍，利用时差加班加点，与国内、毛里求斯共享中心的同事开会，用最短的时间收集好反馈，然后在睡前打包反馈给审计团队，第二天又周而复始赶往审计师的办公室，继续新一轮的斗智斗勇。

整整两周的时间，从业务场景到政策适配，从整体的系统方案再到细节的取数加工，我都亲力亲为。我和同事戏称，感觉自己近乎越俎代庖般地替审计师梳理好了PBC清单、遗留事项和当前进展等。我频繁"现身"，也引来了审计机构其他人的诧异目光。好在功夫不负有心人，在连续吃了两周午餐外卖后，加上CFO与审计合伙人在高层界面的推动，终于在3月31日截止日的前一天晚上，我看到了胜利的曙光。

那天下午，CFO、我还有一位本地同事一行三人，手捧着

不破楼兰誓不还

厚厚一沓还带着打印机余热的审计报告，从审计师的办公室朝着华为公司的方向走。那晚的夕阳余晖照亮了公司附近那座恢宏清真寺的穹顶，那一瞬间终于有种解脱的快感，过去三个月心心念念的这一刻终于到来了。

那天晚上，我还额外收获了审计经理在社交媒体上的一条留言："Jensen（詹森，作者英文名），感谢你在过去几周工作中所展现出来的无尽的耐心、理解与善意，感谢这段时间你的努力与支持，虽然过程不易，但结果很圆满。我们最后做到了！"

尾　声

佳哥是科特迪瓦代表处 CA 岗位的前任，依稀记得一年多前在某个交接工作的夜晚来自佳哥的嘱托："CA，CA，Chief Accountant（总会计师），要对得起这个'Chief'啊。"

不敢说自己已经达到了"Chief"的标准，但应该至少比当时更近一步了吧，我想。

回望过往四年，从燕园到华为，从天堂原乡到象牙海岸，一千五百多个日日夜夜，当初的懵懂青年，不论是内在的心境还是外在的谈吐，都有了一番可喜的成长。虽然尚不清楚前路会在何方，但入职时的初心始终未变——世界那么大，风景各异，如果有机会，一定去看看。

（文字编辑：肖晓峰）

做"牙好"的CFO

李发鹏

我记得第一次出国前,一位有经验的老同事告诉我,要提前在国内看好牙,不然出去治牙会很麻烦。多亏他未雨绸缪的提醒,这让我在出国前提前堵好了还没发现的蛀牙,要不然还真没法想象怎么在非洲大陆上去看牙。直到现在,我都会把这条宝贵经验传递给即将来华为刚果代表处[1]外派的兄弟们。

"鹏哥,你咋对牙这么上心?"有位兄弟曾打趣地问我。

"牙好,才能吃硬菜,也才能啃下硬骨头啊!"我笑着不假思索地回答。

一问一答之间,我的思绪不禁回到六年前,第一次来到非洲大陆的时候……

---

[1] 位于刚果(金),主要负责刚果(金)、刚果(布)、埃塞俄比亚等地的业务。

不破楼兰誓不还

为了进华为,我"花"了 6000 元

2016 年我本科毕业,本来已经签约了一份国际四大会计师事务所的工作,像班里大部分同学一样,准备留在上海工作。虽然工作很稳定,但想到上学就在上海,还要继续再待下去,我心里总犯嘀咕,稍微有点腻了。一次偶然的机会,碰巧遇到华为来学校召开宣讲会,闲来无聊,我就和几个朋友一起去了现场。当时对华为财经了解得并不多,只是觉得工作内容与四大会计事务所很不同,很有意思;自己也着实按捺不住趁年轻想出去看看世界的心,于是就去征求了一下导师的意见。

没想到,导师强烈推荐我去华为,原因很简单:因为华为是一个真正的全球化公司,而且华为的财经体系也非常厉害,是个能开阔眼界的难得机会。听了导师的推荐,加上已经签约的底气,我毫不犹豫地投递了简历,想着那就试试呗。最终,一路过关斩将,我居然顺利地拿到了 offer。因为已经签约了其他公司,要来华为就必须赔偿违约金,纠结了好久,我厚着脸皮向父母要了 6000 元钱。我就这样来到了华为。

入职几个月后,我就接到要外派刚果(金)的消息。我很兴奋,觉得终于有机会可以去看看外面的世界了,但是对父母的态度我不太确定。那个时候,包括我在内的很多人对非洲了解不多,还有很多固化的刻板印象。而刚果[刚果共和国,简称为刚果(布);刚果民主共和国,简称为刚果(金);普通人并不清楚这是两个国家,往往统称为"刚果"。],更因国名简

单好记，成了很多老一辈人眼中"艰苦非洲"的代名词。都说"父母在不远游"，于是我试探性地和他们提了下"我要去非洲了"。没想到他们并没有投反对票，还鼓励我说："一个大小伙子去外面闯闯挺好的。"可我还没来得及松口气，他们又来了句"神补刀"："只要不去刚果就行。"

这可让我为难坏了，毕竟派出的目的国都已经定下来了，肯定不能说改就改，于是我选择"狠心"一把，瞒着父母，按时去了位于刚果（金）的代表处报到。没想到，我在这里一扎根就是六年！

我心理预期本来比较低，落地后却发现整个国家没有我想象的那么破败和落后。过来的时候，我大半个行李箱都塞满了纸巾、牙膏和洗发水等日用品，结果都"砸"在了手里！这件事没少被当地同事"嘲讽"。刚果（金）环境宜人，生活舒适，这些反差让我很是惊喜。就这样过了两年，我才敢告诉父母我其实一直在刚果（金），好在他们早已因为我这几年"潜移默化"地发送照片和视频，改变了当初的印象。

给我 6 个月，追回 100 万美元

生活上我适应得比较快，但上手工作可就没那么容易了。

我在刚果代表处的第一个岗位是回款经理。当时，代表处有一笔 100 多万美元的回款，客户三年都没有支付。我的前任同事在离职前十五天带我去拜访了客户，希望能"挣扎"下，结果刚进客户办公室不到五分钟，我俩就被骂了出来。

第一次见客户被骂得狗血喷头,我第一反应是"完了",但第二反应"不行,得搞定"立刻占据上风。从客户办公室回宿舍的路上,我一直在和同事请教,是不是客户对我们有什么误解,请他把历史背景都给我讲讲,结果发现他也是"半路上车",对于"历史遗留"问题也是"心有余而力不足"。长吁短叹不如正本清源,唯有搞清楚这背后的"渊源",我才能对症下药地解决回款问题。

那段时间,我一有空就去客户办公室蹲点、刷脸,碰到客户就努力用刚学的"热乎"法语打个招呼。过了几个月,等到客户的态度开始软化后,我也没有先要钱,而是和他聊聊问题出在哪儿。"不打不相识",客户最终也很坦诚地告诉我,他不是不给钱,而是和我们在管理回款文档和回款流程上有点分歧,很多诉求也没有得到回应,因此这笔款就一直没支付。

回款是第一要务。我第一时间就拉着这个项目的商务、供应链的同事去拜访客户,把当前回款流程系统地做了汇报,针对双方出现的分歧也做了澄清与记录。接下来,大家一起有针对性地讨论回款文档的责任矩阵以及当前回款流程各阶段的风险点,并同步把历史回款文档全部都找出来,一一核对,共同梳理。

梳理过程中,我们发现有一张大额发票出了问题。我和客户翻遍了所有文件柜,找了一周都没有找到当时的清关文档。这不仅导致我们的回款工作陷入了僵局,更会影响当年度客户侧的账务清算,客户也很着急。

这天,我在和客户喝咖啡继续讨论解决方法的时候,他建议我还可以去海关办公室找找,说不定在那里能有些收获。说干就干！我带着本地客户经理和清关经理，一起冲到海关办公室，但海关办公室认为他们本来就不负责文档保管，差点就要给我们送上"闭门羹"。我们没放弃，在本地清关经理的软磨硬泡下，海关答应给我们找找。经过两周的等待，我们终于在海关拿到了这笔发票的清关文档，第一时间给客户送了过去。

"Jeff（杰夫，作者英文名），你们太棒了！不光愿意坐下来听，还能帮我们跑那么远去处理问题。我很久没遇到像你这样优秀、这么能替我们着想的财务了！"客户拿到发票时激动得"手舞足蹈"，对我连连夸赞。这是我第一次切身感受到非洲式的热情。有那么一瞬间，我感觉都被他夸得有点"心虚"。

自从那次之后，客户非常配合我们的回款工作。不到半个月，我们陆续将所有超期文档清理完毕，双方也在文档管理及责任分工上初步达成一致，随后我们也顺利地收到了这批拖欠三年的回款。我心中不禁感叹，历时半年的回款工作终于告一段落了！这个胜利对于当时刚入职不久的我来说，是一个不小的激励，也是我第一次切身感受到"成就客户就是成就我们自己"，更让我深刻地领会了为什么华为无论何时都要"以客户为中心"的核心价值观。

回款问题解决后，我就在思考，如何把能力建在组织和流程上，从源头上避免此类问题再发生。文档管理责任矩阵不清晰、回款流程不可视的问题，如何从源头上加以解决？我又把大家前面讨论的纪要拿了出来：哪些文档归客户负责，哪些文档归我们负责，每笔回款审批和审核需要哪些环节、多长时间……最终，经过了和同事们的"头脑风暴"，输出了 A 系统部的回款流程指导书。此外，我们还和客户完成了在iSupplier（通用供应商通信管理组件）上的对接，借助系统实现了回款流程可视化，避免文档丢失的同时，进一步提升了回款的效率。

代表处 A 系统部 2017 年的业务规模只有数千万美元，2018 年增长到了上亿美元，回款的工作量也相应增加了很多，得益于大家"打好提前量"的变革尝试，超长期 AR 的风险事件后面再也没有发生过。

比算数，我可没有输过

2017 年，要回那笔拖欠了三年的回款后，CFO 给了我一个更具挑战性的任务：担任一个概算亏了 3000 多万美元项目的 PFC。当时，这个项目对华为在刚果（金）的业务布局有重要意义，但是概算亏损很大，"扭亏为盈"的担子非常重。接下这个任务时，我内心很慌，因为在此之前我只做过小项目的 PFC，生怕自己扛不住。

CFO 看出了我的担忧，对我说："你不要怕，所有的事情最怕'认真'两个字，拿出你之前干回款的劲头，肯定能做好！"没有挑战，哪有成长？我开始正式接手这个项目。

刚开始，工作推进得不是很顺利。为了摸清项目成本，刚进项目组我就拉着大家一起梳理流程，梳理各项人力和物力费用，但他们并不理解我为什么要抓得这么细，配合度不高，对我也有一些怨言，而我也一直在纠结如何在这个项目中发挥出财经人的价值，并把经营管理落到实处。

有一次，在分析单站分包采购订单时，我无意间发现相同城市的不同区域内的网优路测模块单价差异很大：有些采购订单是按天下发的、有些是按月下发的，但按天下发的采购订单的单价乘 30（天数）后约为数万美元，而按月下发的采购订单的单价只有数千美元；这意味着，同样都是干一个月的活，成本差距却有几倍之多。

我把除了网优路测以外的所有模块全都捋了一遍，竟然发现 EHS（环境健康安全）旁站监督、塔工也存在这样的问题！带着这个刚挖出来的"烫手山芋"，我赶紧冲到 PD（项目组组长）那里，跟他汇报了情况。

PD 非常重视，拉着项目八大员一起开会讨论优化方案。经过和分包商多轮谈判，我们最终通过变更历史采购订单和优化分包报价单，给项目组节省了数百万美元的成本。项目组也由此认识到精细化运营和经营管理意识提升对经营目标达成的重要性。我这个"大管家"也在项目组内逐渐站稳了脚跟。大家越来越配合，项目经营管理自然也越来越顺。

当年代表处要评选"优秀新人"，CFO 和 PD 不约而同地提名我，说我是他们合作过最优秀的项目财务。能得到这样的认可，我内心真的挺感动！

"我们脱贫摘帽啦！"

2018 年，我被"钦点"为代表处 PFC 负责人的同时，CFO 又让我兼职做代表处的税务经理，推行集成税务遵从项目。身

不破楼兰誓不还

兼双职带来的工作量和成长都是双倍的：作为税务经理，我需要熟悉刚果（金）的税法规定，通过不断学习充实自己；作为项目财务，我更要有全局观，持续关注经营提升。

在做一个项目时，我发现项目组的签约顾问的公司注册地在法国和英国。根据刚果（金）税法规定，如果离岸服务的供应商注册地在英国或法国，每年需要缴纳14%的代扣税，但如果注册地在南非或者比利时，则相应的优惠税率为零。发现这一机会点后，我和采购同事一起联动，与顾问公司的CEO和CFO谈判，希望可以通过变更注册地来节约项目成本。

"合同早都签好了，怎么能为了你们的便利而改来改去？"

"切换注册地这么大的事情，出了问题，你们能担得起风险吗？"

"现在要在南非注册子公司，你们知道要增加多少手续吗？"

最初的谈判并不顺利。面对顾问公司强硬的"灵魂拷问"，我一时间也有点招架不住。有没有什么双赢的办法，既能让我们节约成本，也能让顾问公司心甘情愿地配合呢？我查阅了业界的相似案例，找出了南非和刚果（金）的双边税收协定，从税法原理和遵从合规上打消了他们的顾虑，从法律意义上明确了切换注册地的法律合规性。同时，为了不让顾问公司"白忙活"，我通过内部几轮汇报与分析，确定了双方共享节省成本的策略。最终，我们成功说服顾问公司将子公司注册在南非，降成本方案也终于落地了，预计每年可持续性地为代表处节省数百万美元的成本。更令我欣慰的是，2018年，刚果代表处成功摘掉了"经营困难代表处"的帽子，我们正式"脱贫"了！

2019年底，代表处财经人员变动，原预算经理紧急回撤，短时间内没有合适的人补充进来。面对"青黄不接"的局面，CFO 有意让我承接代表处预算经理工作。当时，我身兼项目财务负责人和税务经理双职，既负责经营又负责遵从，现在又要加上第三个预算经理的"头衔"，我心里着实有点发怵。

CFO 再一次鼓励我："你有两年多的项目财务经验，又在集成税务遵从推行过程中和各个业务部门都混熟了，接替预算经理岗位，你还有啥心虚的！"就这样，在 CFO 的"忽悠"下，我这个半吊子预算经理开始正式上岗了。

新岗位接手的第三个月，刚果代表处被选为合同审结变革试点单位，我又开始了我在华为的第二个项目变革。合同在代表处审结是公司为提升运作和经营效率，将"权力"下放至代表处的一次尝试。在新模式下，代表处经营报告的结构和成本变化很大。为了做好商业计划，我拉着 MSSD（市场营销与解决方案销售部）、PMO（项目管理办公室）及 NTD（网络技术服务部）的同事，每周进行分析、反算，通过对历史数据分析来建立代表处的盈利基线。

此外，为规范化管理产品成本以配合变革，公司制定了"产品结算价"这种全新的定价模式。结算价是全球统一的，但各代表处情况各异，必须结合当地业务场景做好测算，才能知道每种配置下的盈收情况。刚果代表处 2020 年的新场景及新业务变化很大，我们需要深入项目，进行场景化的分析拆解，进而确定后续的经营策略。我还记得，当时一共研讨输出了三百多个项目的测算配置清单，数量实属惊人。连续两周，大家一遍一遍地测算，终于把项目配置的盈利情况看清楚了！

不破楼兰誓不还

秉承"授人以渔"的观念，我们还结合售前及交付过程中遇到的问题总结成"一指禅"，不断迭代，帮助大家在项目中更好地理解产品结算价。就这样，通过一次次的运作和实践，我们成功在刚果代表处落地了产品结算价，从而也进一步提升了代表处的经营意识，夯实了代表处的经营能力。

黄金 48 小时，我们保住了数亿美元

刚果代表处是小代表处，人少，但机会也多。

我在代表处做过回款经理、项目财务、税务经理和预算经理，成为名副其实的"万金油"老员工。2021 年 4 月，补齐了经营经验和合规遵从经验后，我被正式任命为刚果代表处 CFO。但没想到的是，我上任之初的第一个中秋节，命运就给我安排了一个"大礼包"——著名的"C 国 G 案件"。经历过这个案件洗礼的所有人，至今回想起来都会说"那真是工作中最绝望的时刻"。

历史上，G 公司和我们一直存在官司纠纷。2021 年中秋节前，我们刚刚获得与 G 公司商业纠纷的胜诉判决。然而，大家还没来得及带着这个喜讯欢度中秋，就被现实狠狠一击。最高法院判决后没几天，下级法院的法官竟然拒绝执行华为胜诉的判决，同时还要求华为支付高达数亿美元的天价赔偿款！

判决翌日，代表处账上的现金等资产突然全部被强制划走，代表处的园区也被土地局强制冻结。更严重的是，多名客户收到强制执行函，被要求将业务上对华为的应付账款全部汇入 G

公司，以此作为对华为的惩罚！

刚果代表处所在的园区是华为自建的第一个海外物业，也是我工作生活了五年的地方，我对园区里的一草一木都充满了感情。我坐在办公室里急得鼻子一酸，但在紧要关头，眼泪又有什么用？"金沙萨〔刚果（金）首都〕不相信眼泪"，华为人更不相信眼泪！当务之急是先和客户、银行沟通，拦截他们给G公司打款。我们紧急联合资金、账务、销售融资等部门，全方位地向华为总部和财经各条行业线求助，同时想办法稳住银行和客户，争取时间获取检察院的中止执行函。

所有部门都被紧急调动起来的效力是巨大的！我们开始逐条分析强制执行令，希望可以找到能使其被终止的"蛛丝马迹"：银行账户不是最新的23位编码、部分客户及银行的名字拼写错误、内部转款需要时间和流程……以此为切入点，大家跑遍了执行令里涉及的银行和客户。通过与客户CFO、银行行长多轮沟通，我们最终悉数获得对方同意，以内部转款需要流程和审批为由，争取到黄金48小时去获取中止执行函。

但48小时只够让我们暂时喘息一下，真正的危机并没有得到解决。代表处园区和账户依旧被冻结着，48小时失效后又该怎么办？

代表处办公室内，大家火速集结，再次和法务、业务侧共同回溯了既往的纠纷案件，除了调用财经各条行业线的内部资源，代表处联勤保障机制也迅速介入。我同代表处负责人、法务和PR（公共关系）的同事们分头紧急拜访大使馆、总统府和最高法院等关键部门，列举事实依据，获取支持。大家分头蹲守在检察院，随时待命，第一时间递交相关佐证文档，接受检察长问询。平常需要两周的中止执行函，在我们的不懈努力下，代表处竟然真的在48小时内拿到了！

获取中止执行函后，客户终于停止了被强制执行打款，但我的心还在悬着，因为我知道，我们的战斗还远远没有结束。

身为代表处CFO，我清楚知道代表处账户被冻结、账户上没有资金意味着什么？如果我们没钱给税务局缴纳税款，那么将面临被迫交纳罚款和滞纳金；如果我们没钱给供应商支付应付账款，那么我们的现网管理服务和维护将会受到影响；如果我们没钱给员工发工资，那么可能将面临罢工风险。

我们遇到危机的时候，是代表处兄弟们的齐心协力，是供应商的理解和支持，才让我们获得了阶段性胜利。我们也不能让"雷锋"吃亏！

为了"借钱"，我第一时间拉着财经团队，完成了账务、资金、税务和法务等评审，同时三天内迅速打通香港华为代付渠道，保障了员工薪酬及供应商费用的足额支付，进一步稳定了军心，也坚定供应商与华为持续合作的信心。

从9月到11月，我们每天至少有80%的时间在外面和客户沟通。最终，我们在两个月内打赢了七个官司，保住了华为的资金和资产安全。

接下来又是与各家银行漫长的博弈。银行以风险管理为由拒绝释放资金，反复刁难，要求华为必须提供保函等担保文件。面对银行的强势，我们没有气馁，耐心地组织多轮谈判，同时联合总部销售融资及资金等部门，持续商讨优化解决方案。历时近半年，各家银行陆续转回冻结资金，最后一笔款终于在2022年5月20日这个非常有纪念意义的日子顺利转回。

这场硬仗，我们总算扛过来了！

仅一个多月后，G公司所在的开户行宣布破产重组。很难想象，如果当时我们拉长"战线"，那将会是怎样的结局……

结　语

从青涩校园的一方天地，再到广阔无垠的非洲大陆，无悔年少时的选择，让我有机会体验到外面世界的精彩；从回款、项目财务做起，再到税务、预算经理，从小事做起，从细微入手，在每个岗位上争取做到极致；从与税务局的烧脑博弈，再到与客户的相知相惜，攻克一个个难题，持续历练心态和专业技能。

六年的时间，我在刚果代表处一年解锁一个新领域，持续成长为一个大家眼里的"万金油"CFO。很多同事、朋友、昔日的同窗，看到我已在刚果（金）常驻六年都会好奇地问我："一毕业就来非洲，你后悔吗？你错过了国内很多精彩的生活呢！"诚然，我错过了一些风景，但收获远远大于错过：非洲的业务都是"硬骨头"，但硬骨头同时也是"磨牙棒"，让我越挫越勇，逐渐变得"牙尖嘴利"，无惧风浪。

我将带着一口好牙，在未来的征程中，勇敢面对挑战，越走越远！

（文字编辑：葛松林）

不破楼兰誓不还

狮子山下的 D 哥

章承钦

"D 伯,我需要找出 2007 年关联借款的审批材料,可以教一下我怎么操作吗?"

随着部门"00 后"新员工的入职,我发现自己又多了一个称号"D 伯"。从"D 哥"到"D 叔",以及最近刚获得的"D 伯",这是我在华为二十多年来同事们对我的称呼演变史。

我叫章承钦,是中国香港人。我更喜欢同事们叫我 D 哥,或者英文名 Dickens,因为我感觉这样距离更近,也符合我随和的性格。我是一名"60 后",平日里我和大家关系融洽,打成一片,大家也经常忘记年龄差这回事。但有时候,也有人会半开玩笑地问我:"D 哥,都知天命的年纪了,怎么还这么拼命工作?"

我都会用那首象征着香港人精神的《狮子山下》歌词来回

答:"理想一起去追,同舟人誓相随,无畏更无惧,同处海角天边,携手踏平崎岖,我哋大家,用艰辛努力写下那不朽香江名句。"

其实只要在香港久了,你就会发现不管是清晨还是深夜,在写字楼、商场、餐馆处处都有港人奋斗的身影。作为在狮子山下生长的我,既不会"躺平",也不会"卷",认真工作、努力打拼、迎接挑战、逆境自强,这就是我这么多年快乐工作的秘诀吧。

从揾一份工到干一份事业

我的第一份工作是在国际会计师事务所担任审计员,那些年我经历了不同行业的财务管理,也与一些内地企业打过交道,这其中就包括华为。我觉得这家公司的员工身上有一股让我似曾相识的"闯劲",从某种程度上来说和"狮子山精神"异曲同工。我很喜欢与华为人打交道,所以当有机会来华为工作的时候,我毫不犹豫地就跳槽了。

那是2001年,香港回归祖国的第四年,我的普通话还讲不利索,简体字看得也吃力,我加入了香港华为的国际财务部,当时的领导正是现在的公司CFO孟总。我所在的部门是司库处,一共四个人,主要负责华为海外子公司的资金业务,涉及现金、交易及保函业务,我的主要工作内容就是开户和根据公司用款需求安排资金调拨。当时华为还处在海外业务拓展期,有十几家海外公司。依稀记得当时我们资金调拨规模是几十万到几百万美元，而现在我们每天动辄处理几千万到超十亿美元的资金，这在当时是不敢想象的。

起初，我以为华为跟大部分公司在香港设的办事处是一样的运作模式——我们就是一个普通的白领，每天西装革履，头发梳得锃光瓦亮地去上班，按总部的指示，完成布置下来的任务，做好这份工就行。但后来发生的两件事情改变了我的这种"刻板印象"，也让我觉得这不仅仅是一份工，还是一份事业。

2002年，任总到香港参加电讯展，我作为香港本地员工参与了一些工作。展会期间，任总请参与人员吃饭。在电梯里的时候，他问了一下我的工作情况，我概括地介绍自己工作的主要内容就是安排资金满足日常用款需求。这个介绍乍一听很容易被认为是"出纳"，结果任总果真误会了。电梯门开了，任总对我嘱咐道："出纳就是要记好账、管好钱。"我有点小失落，不过也开始反思，作为资金管理人员，我现在做的事情离公司期望的资金管理还有很大的差距，我得找到方向，往前"赶"才行。

我一入职就赶上了"华为的冬天"，也是科技股网络泡沫爆破时期。香港经济萧条，我的不少前同事、同学都迎来人生的低谷，但我却有幸进入一家大有潜力的高科技企业大展拳脚，这一点让我格外感恩和欣慰。华为公司的海外业务也正是在这个时期起步，在孟总的带领下，我们努力建设国际财务部的流程作业，刚好集团财经管理部在这个时候加大对业务流程的建设，开始搞"财务四统一"的管理优化项目，为我们流程建设提供一些思路和模板。孟总经常鼓励我们要有国际化视野，发挥香港国际金融中心的优势，多和金融机构交流，多思考未来如何去高效安全地管理公司几百家子公司、几千亿美元的资金业务。在这样的氛围里，我们这个小小团队，每一个人都仿佛"猛狮下山"，每天精神抖擞地为资金管理这项事业拼搏着、奋斗着……

就这样，一份嘱咐，一份鼓励，打开了我的格局和视野，激发了我的职业梦想，揣着全球资金管理的梦想蓝图，我开启了在华为的黄金二十年。

从香港"飞出去"

"Dickens，你今晚回家收拾行李，明天准备去印尼出差。"

2003年的一天早上，我刚到工位，主管就给我安排了一个紧急任务。桌子上刚冲的咖啡还烫嘴，我使劲吹了吹，灌下去，然后开始安排出差的机票、酒店，并与已经到达的马来西亚同事联系，了解细节。原来印度尼西亚有一个运营商项目要投标，此时距离项目交标截止日仅剩四天，时任印度尼西亚的代表找到我们部门，寻找一位财经人员出差支撑。

这就是早期我们工作的一个小画面。在初期，海外的现金管理是随着公司海外业务的拓展同步进行的，公司设到哪里，资金业务就支撑到哪里，主要就是保障海外代表处的吃喝住行用款需求，同时还要确保在海外赚的钱能安全地收回来。我们每月的主要工作就是收集海外各代表处的资金需求，通过Excel汇总后，拿给领导签字后进行资金拨款，最后交给账务记账。

整个处理过程都靠纸面文档进行手工传递。在这种状况下，如果出现我们的台账和一线的核对不上的情况，我们就要"飞出去"进行核对，确保账实相符。此外，如果一线在业务上有财经方面的需求，我们也要"飞出去"提供专业支持。在那段时间，司库处同事不仅要忙于资金业务，还要支撑海外代表处的紧急业务需求，忙于各种"救火"的事情。

这一天收到任务之后，我立刻于第二天动身飞往印度尼西亚。这是我第一次出差，虽然早有耳闻一线同事非常拼，但终究还是眼见为实。时间短，任务重，在交标前一天，为了提供出既有竞争力又保证收益的报价及财经条款，我与代表、项目组的同事们工作至凌晨，对标书的每一个数据、每一个细节进行最后核对。夜已经很深，但是同事们眼里却没有丝毫疲倦的神色，那一瞬间我觉得大家真的"好叻！"（粤语"好厉害"的意思。）最终我们的项目成功中标，大家举杯相庆的时候，我由衷觉得，华为同事们身上这股子"劲"是我十分认同和欣赏的。

华为业务的发展，让我们意识到不仅自己人要"飞出去"，思想和业务上也要真正地"走出去"。平日里我们忙于应对各方诉求，静下心来复盘的时候，大家都认为各国的资金业务规则是不一样的，我们需要一颗探索的心去研究清楚，然后固化下来成为流程中的一环，规范资金动作，确保资金安全。于是，在孟总的指导下，司库处开始进行流程和系统的细化，我负责起草了银行账户管理流程和海外经费调拨流程，这些也成了后来华为财经现金管理的基础流程。同时，借助公司的 Notes 平台开发出作业电子流，我们初步完成了从纯手工向半电子化的业务转变，工作效率大幅提升。如今把公司的各种资金系统、指引和流程回溯到最初，可能在源头也有着我的一点贡献。

奶茶配文档，好好味

随着公司海外组织的逐步壮大，2004年司库处也合并到集团财经体系的资金管理部，成立了现金管理部，并在香港和新加坡设立了团队，海外也配有资金经理。现金管理部，顾名思义就是管理着全公司现金（资金）的部门，在华为这样一个业务遍及全球的公司里，作为现金的"大管家"，我们的工作举足轻重，要集中管理全球子公司的资金，实时关注到每个子公司银行账户有多少钱，每天需要从不同的账户对供应商、员工、外部组织支付钱款，还需要安排资金调拨，确保每个指定的银行账户有足够的余额付款。

资金集中管理还有另外一个重要作用，那就是确保各个子公司开立的银行账户在收到客户回款后，都可以管理起来，然后根据计划将资金分布到各地，确保资金安全。集中管理后，有利于资金的高效使用，可以把资金优先安排到所需要的项目上，或者做定存或投资……

业务的发展让我们不得不开始思考，如何协同全球跨时区进行资金调动？如何保障海外各账户存款安全，全球资金能够快速集中管理？工欲善其事，必先利其器。我们意识到只是通过工作效率的提升，并不能解决这些难题，我们需要有先进的

不破楼兰誓不还

现金管理工具。

恰巧，这个时期我们遇到了两位"老师"：IFS（集成财经服务）和国际大银行，它们给我们的工作指明了方向，带领我们迈向了新的道路。孟总主导的IFS变革，影响深远，从组织、流程和系统上都对资金业务进行了大的改造；另一边，资金业务离不开金融合作伙伴这片土壤，在与国际银行的合作过程中，拓展了我们的视野。

香港作为全球第三大金融中心，金融机构云集，经常有国际银行向我们推荐他们的产品，每一个银行客户经理都准备了精美的PPT，给我们展现他们强大的现金管理理念和解决方案。开始，我们觉得这些产品都挺好，但眼花缭乱，不知道怎么去提问，有时问到某个具体问题，他们也就"点到为止"地回答一下。但对于我们来说，工作要求我们必须充分了解这些现金管理产品。我们只有了解了这些产品的逻辑和使用方法，还有不同银行的产品区别，在与银行沟通时才可以"取其精华"：哪些适合我们呢？哪些产品可以助力我们具体到某一业务模块呢？

为了搞清楚各银行产品的优缺点，我开始研读银行提供的材料，但对出现的新词汇、新概念，我常常一知半解。查资料、找同行交叉求证，为了搞清楚基本逻辑，我需要做足功课。有段时间的午休时段，我常打包回来一杯自己最爱的"丝袜奶茶"，一边喝一边看银行的材料，旁边同事还打趣我："Dickens，别人下午茶是奶茶配菠萝包，你是奶茶配文档！"我也哈哈大笑，告诉他们这样搭配，奶茶更香浓，材料也更"好好味"。我

狮子山下的D哥

觉得自己一直是一个乐意接受新事物的人，加入华为后，我的QQ、微博、微信也是玩得"风生水起"，普通话水平与日俱增，操着一口流利的"港普"，还自认为自己是网络冲浪最前排的那拨。

带着好学的心，下着真功夫啃透材料，再经过多轮的交流，我逐步了解到全球现金管理的理念和发展趋势，掌握了和银行打交道的技巧，能够看清虚实，问到重点。在与多家银行深入讨论了各种业界领先的产品和方案后，我们领悟到最先进的产品不一定对我们是最好的，而是要找到最适配华为多种业务场景的产品，正如那句话"只买对的，不买贵的"。经过一次次"量体裁衣"的寻找，我们找到了与华为最"般配"的银行产品，助力我们有效布局资金。

从小池子到星辰大海

2009年IFS项目落地，公司海外资金业务雨后春笋般发展起来，对资金高效调拨和及时归集的诉求愈发强烈。作为重要的金融工具，资金池的建立迫在眉睫。资金池也称现金总库，可以统一调拨全公司的全球资金，并且池子拥有多种货币，有利于跨国公司内部不同币种之间的资金协调。很幸运，我成为资金池建设团队中的一员。我们在亚太、欧洲等地开始建立资金池。积累了一定经验之后，2014年，公司在香港建立资金池时，我成为这个项目的负责人。现金管理部也不断加入优秀年轻人，我们在一次次与行业领先银行的方案研讨中，从利息计算、汇率转换、头寸管理、跨区域扫款等技术细节推敲着我们的具体业务需求，不断积累着资金池在现金管理领域的行业优秀实践。当年 6 月份，资金池上线运作，财经杂志 THE GLOBAL TREASURER 还专门报道了这件事："华为建立了多主体的虚拟资金池，以全局观掌握集团现金整体状况，此举可提高资金调度管理的可视性和效率。"

伴随着现金管理内含的逐步扩展，简单的资金池工具已经不能满足华为作为跨国企业的需求了，我们开始着手建设混合不同时区的资金池以及财务公司为法人的集团内部银行。

这说来也有一段小故事，跨国企业一般都会建立财务公司来支撑业务的发展，作为第三方金融机构的有效补充，它相当于一个内部银行，负责服务集团内部各个子公司，满足业务上的资金需求。2015 年，公司决策成立英国财务公司，作为现金管理的一员老兵，我与 FRCC（全球财务风险控制中心）的专家和部门骨干组建流动性管理团队，开启财务公司现金流动性架构建设之路。流动性架构建设，也就是我们常提到的"日不落"作业机制。因为华为的业务遍布世界，有时候资金相关操作会受到时区的影响，这个架构正是希望打破时间的桎梏。

部门的年轻人也勇挑重担成为骨干。他们脑子活，吸收新知识特别快，很多时候反复推敲的方案刚获得领导的决策同意，立马就开始制定详细的实施细节了。比如，对于合作银行不能满足的业务场景，团队内部记不清楚举行了多少次研讨和头脑风暴。

"为什么我们不能自己建呢？"有一天一个声音传来，这着实让我这个自以为敢想敢拼的香港人吃了一惊。我们打造一个企业自建的"资金自动拨付归集产品"？这是准备不再依赖银行了吗？这里要稍微解释一下，之前我们资金池中每年近万笔的资金归集和拨付是通过使用银行的产品实现自动操作，我们需要和银行讨论方案、签署协议、支付费用。如果我们能自力更生建立起来一套自动拨付归集工具，就可以把原来依赖于外部的操作，改成自己通过内部系统方案来实现并自动化操作，这不仅减少中间环节、提升效率，还节约了成本。

这个大胆的提议，我觉得挺好的，大家也都觉得可以干！于是我们聘请顾问，充分调研了各国的法规，又联合财务、会计、税务和IT等多个部门，完善了各种方案细节，获得公司支持后，撸起袖子开干了。几年迭代下来，我们还真的做出来了！如今这个服务集团内部跨银行自动资金拨付归集工具，在支撑全球近百家公司几千亿美元的资金流动性需求中，发挥着越来越重要的作用。

依靠着华为强大的IT能力，我们已经有了一套华为特色的现金管理模型，不仅可以为公司带来可观的财务收益，自动化作业还减少了人工作业差错，保障了资金安全。尤其是在近几年国际形势日益严峻的大环境下，我们的工具为公司的资金顺畅流动发挥了重要的作用。

我的华为二十年

前面提到的这些资金业务，可能看起来有些"高大上""阳

不破楼兰誓不还

春白雪",但其实,也是一份接地气的"下里巴人"的工作。

不管是资金池,还是投资、融资等方案,最终都落地在一堆协议文档上,而文档的谈判、准备及签署环节,往往决定了项目进程的快慢。按照香港的商业环境要求,对外提供的文件、证件等都需要律师或会计师进行认证,我们提交给银行的大部分账户、网银等文档都需要按此要求进行原件认证。我们内部业务运转希望提高效率,能快速响应一线需求,但是此事项涉及外部,我们经常"心有余而力不足",认证环节成了业务瓶颈。

有些苦恼的我咨询了同业的朋友,他们一下子点醒了我:"你也是 CPA(注册会计师),你都可以做原件认证的啊!"对哦,在来华为之前,我可不就是一名国际会计师事务所的 CPA 吗?!在征询香港华为法务部门意见后,通过确认银行对认证的规则要求,我这个 CPA 开始在公司内部开展"原件认证业务"了。我想,这或许也算一份"不忘初心"吧!

如今,我还在继续"认证"着,对于我来说,这不仅仅是给公司带来效率的提高、成本的节省,对于我还有着特别的意义:当一份份文档盖上刻有我 CPA 编码的印章时,铭记着的也是我二十多年华为生涯的点点滴滴。二十年,斗转星移。我还记得,公司现金管理业务最初只是简单的"拨个钱"到集团司库,然后到作业数字化,再到后来做到业界领先……很庆幸,自己有机会和部门一起成长,贡献自己的一份小小力量。

前段时间,我刚换了华为新出的 Mate 50 Pro 手机,看着新手机,我爱不释手,在亲朋好友中狠狠炫耀了一番。在我心里,华为就是一家我引以为豪并为之奋斗了多年的伟大公司。《狮子山下》里面唱道"携手踏平崎岖,我哋大家,用艰辛努力写下那不朽香江名句"。我,一个生长在狮子山下的华为人,还将在这里继续书写属于我自己的"名句"。

(文字编辑:霍 瑶)

不破楼兰誓不还

从导弹射手到融资操盘手

刘丰年

"西南方向发现目标!"

训练场的掩体内,单兵防空导弹射手们严阵以待,如猎鹰般敏锐瞄准"战机"。

"启动,解锁,发射!"

伴随着一声声震耳欲聋的轰鸣,导弹瞬间嗖嗖腾空而起,震破苍穹……

这是我曾经作为一名单兵防空导弹射手的"战场"。

而如今,看着华为办公室墙上贴的海报——一架在二战中被打得像筛子一样、浑身弹孔累累,却依然顽强飞行的伊尔-2强击机,我百感交集。这场没有硝烟的"融资战役",我们打赢了,不仅活了下来,还实现有质量地活了下来。

时光倒转至 2016 年夏天。

"曾在部队服过两年兵役？"面试官自上而下飞速扫视简历的目光骤然停住，身体前倾挪了挪位置，顿时来了精神。

"是。在清华大学经管学院读大二时，我决定暂缓学业，先入伍参军。"我如实答道。

"为什么要去当兵？"面试官追问。

"从小我就有一个军人梦……"看我一说起来就两眼放光，面试官默默点了点头。

或许正是这段经历促成了我和华为的奇妙缘分，2017 年 10 月，结束在华为财经的实习后，我正式成为一名销售融资经理。

第一天到部门报到，我旁听了例会，听到大家谈论的项目金额都是以"亿"为单位，币种还是美元，顿时感觉整个部门都在"凡尔赛"！但经过半年的摸爬滚打后，我自己也开始负责一亿美元的项目，担任起了紧张又刺激的"上亿项目的操盘手"，还时常被客户调侃为"财神爷"。

按捺不住一颗想去海外的心，一年半后，在实战中积累了充实的融资运作、项目运作经验的我，来到了北非这片热土，接手华为在 C 国等三个国家销售融资项目相关工作。

没想到这一下，我直接给自己送回了枪林弹雨的战场。一切考验才刚刚开始。

突如其来的"坏消息"

2019 年 11 月 14 日，与保险公司客户 S 通电话时，我正在

B 国的项目里忙得不可开交。

"我来 C 国出差了,这次行程紧张,只待四天。"客户 S 的声音从电话那头传来。

"怎么这么急?"

"哎,有太多企业和客户要见了!"

听到这一句,我忽然警觉起来,隐隐感觉有些不对,赶紧放下手头的工作,委婉地询问起原因。

"当前 C 国的待融资政府项目都扎堆了,我们工作组这次过来,就是为了全面了解梳理下这些项目信息。"客户 S 简短答道。

我一下子反应过来,联想到今年四五月的时候就有风声,说 C 国项目做得太多太快了,一个个项目如春笋般拔地而起,都在等着融资这场"及时雨",而如今该国的授信额度恐怕已经出现紧缺。

"那我跟您约个时间,好好汇报一下华为在 C 国的项目情况。"我赶紧争取见面的机会。

等到 11 月 16 日下午,收到客户回复"OK"的信息,我立马赶往机场,直飞 C 国首都 A 城。

伴随着飞机的轰鸣声,我闭目养神的片刻,那片熟悉的茫茫戈壁滩训练场又浮现在脑海中,十七公斤重的导弹沉甸甸地压在肩头,瞄准,发射!记住,战机稍纵即逝!

"战机稍纵即逝"——嗡嗡不停运转着的大脑忽然停住了,我睁开眼睛,心头一紧:"突然来收集这么多待融资的政府项目信息……工作组此行的真正目的,难道是要进行项目优先级排序？"我暗暗叫苦："要是错过这次机会，我们智慧城市项目三期上哪儿找钱融资去，恐怕是真财神爷转世也难办了！"

晚上 7 点落地，一出机场我便直奔目的地。华为 C 国企业业务部长和政府系统部部长也已经赶到了。这次的交流至关重要。

"我们跟您汇报下历史项目进展，历史项目已基本完工，部分模块已投入商用，价值明显，客户进一步提出扩容和升级的诉求，正在进行统一通信二期和智慧城市三期项目的谈判……"我们开始讲述接下来的全年规划："今年年底，我们计划把新项目的整体范围框定，明年一季度签署商务合同，三季度落实融资。"

"明年一季度才签商务合同？"听完我们的汇报，客户 S 脸上的表情不是很乐观："按现在的情况看，这个节奏太慢了，估计很难落实融资。"

的确，跟那些等待排序的成熟项目相比，我们的项目现在连商务合同都没签，处在巨大的劣势中，别说"小米加步枪"了，这简直是要赤手空拳去对抗敌人装备精良的飞机大炮啊！如何加速提升项目的成熟度成了当务之急。

"急行军"，翻越第一个山头

11 月 18 日，周一一早，华为企业业务部长就赶去与 C 国财政部客户交流，也想证实一下我们之前的猜想。

"我们已经与保险公司工作组交流过了，目前政府融资项目确实较多，需要进行筛选。"客户打开电脑文件夹，"我来查一下。"

清单上二十多个项目赫然在列。"这些项目是已经融资成熟度比较高的，大多已经签了融资协议，至少也已经达成融资意向。"客户解释道。

这个流程，就好比我们日常生活中去买一辆车，项目的商务合同相当于"购车合同"，最终落实的融资协议相当于"车的贷款"，保险公司出具的保单相当于"车的保险"。所以得先签购车合同，才能提车，有了车，才能去买车险，一环扣一环，商务合同就是一切开始的前提。

我和团队决定快速集结所有力量"急行军"，昼夜奔袭，拿下第一座堡垒——商务合同。

我们将授信额度紧张、项目面临优先级排序等信息同步传递给了我们的项目业主。原本业主客户还在纠结整个项目的商务结构、交付范围和技术细节等，迟迟拿不下决心，一听这事也坐不住了。外部大环境如此艰难，如果项目这一轮排不上号，基本上未来三年内都无法落实融资了。

正因为有了这个紧迫的"坏消息"，我们反而一拍即合，共同登上了这架"浑身弹孔累累的伊尔-2强击机"，成为统一战线上的盟友。做项目，原本就跟行军打仗一样，一开始纠结带手枪、步枪还是手榴弹，可如果跑着跑着突然发现成了累赘，还没跑到地方，可能命都没了，这时还要这些干吗呢？

大家赶紧上线开会，将之前关于合同的一些分歧一一消除，将可以后续再捡起来打磨细节的"累赘"先都放一放。

"商务合同签了,哪怕万一现在做不了,只要这个项目还在,到时候我们也能逮住机会随时重启。"项目组决定背水一战。

12月,商务合同顺利签署。原本流程走完需要两三个月的时间,我们硬生生提速到两周完成了动作。在我们的努力下,"坏消息"也开始一步步推动着事情向好的方向发展。

"急行军"翻过了第一个山头后,我们不敢放松,开始思考针对保险公司额度不足的"B计划"该怎么办。

"万一我们拿不到保险公司的支持,想要快,能不能考虑调用别的资源,比如找一家在没有保险担保的前提下愿意签贷款协议的银行?"

"可以,但这类银行的操作周期太长了,我们耗不起。"

"或者考虑外资银行呢,比如欧洲、非洲当地的一些银行?"

拉出所有的可行方案对比优劣势之后,最终我和团队还是决定两手准备同时进行,优先争取拿到保险公司的额度。大家达成共识,不必"一口吃个胖子",往前一步一步稳扎稳打。

转危为机,抓住稍纵即逝的机会窗

2020年1月底,我回国出差,这次我肩负着拉到银行这位"重量级盟友"达成融资意向的重任。银行客户Z之前已经和华为合作过C国三个的项目、签过五份贷款协议了,算得上是彼此十分熟悉默契的"老搭档"。

还没等我开口,Z就主动提出:"你们华为最近有没有新项目呀?我们可以继续合作。"

我一听，正好，赶紧接住"橄榄枝"，将项目情况和诉求直截了当抛了出来："我们年前刚签了两个项目，现在情势比较紧急，C国正在筛选成熟度较高的项目纳入今年的投保范围。如果您能跟我们一起加速提升项目融资的成熟度，那就最好不过了！"

客户Z笑盈盈地说："这好办，你让保险公司出具一份合作意向函给我，我马上启动相关审批工作。"因为按照惯例，银行在签融资协议之前，会要求保险公司出具意向函。

可问题难就难在这里——既然要做项目排序，那么保险公司就不会随意出具意向函，因为目前无法确定C国政府最终要做哪个项目。

尽管双方都有合作意向，可偏偏就卡在了这个环节上僵持不下。

此时临近春节，过年的气氛日渐浓厚，而我只感到口干舌燥，脱下外套也掩盖不住内心的焦灼。这时，公司强大的平台力量给了我莫大的帮助。该银行客户群负责人Y部长亲自联系总行产品开发团队负责人，明确表示C国这两个项目的战略重要性，希望银行在没有承保意向函的情况下组织批贷和融资协议签署，将保单作为首放款前提，不增加银行的风险。考虑到这也是一次很好的合作机会，银行最终同意了。

2月，赶在国内春节放假前，我及时拿到了银行融资意向函，发给了C国财政部客户评估审视，将春节假期的"时间差"用了起来，硬是一天都没浪费。

至此，在危机袭来之时，我成功拉到了业主客户、银行客户这两位重要盟友,暂时将"危"转为了"机"。经过多轮的材料评审、谈判、澄清和汇报,4月底,融资协议顺利签署。按照正常节奏,项目从合同签署到融资协议签署,往往需要六至八个月时间,而我们"急行军"只用了四个月,首次创下了华为与银行合作项目最快的签署纪录。同时,我还一鼓作气,将项目预付款的融资也落实好了。

到这一刻,我真真切切有了一种在打仗的感觉。为了抓住审视排序这个稍纵即逝的机会窗,我们每一天都争分夺秒地与时间赛跑。这期间为了配合国内八小时的时差,我开始"打游击"般地进行分段式睡眠,累是真的累,但整个人精神上却亢奋无比,冲破黑障区之后,明确的方向和目标感令人信心倍增。我们终于有资格站到最激烈的战场上,剩下的,只管向前冲锋。

短兵相接,狭路相逢勇者胜

融资协议签署后,智慧城市项目成功进入C国政府项目筛选范围,与其他项目"短兵相接"。面对这些早于我们签署融资协议的、比我们体量庞大太多的项目,我们一时间卡住了,不知该如何再往前进一步推进。

我们可以接受失败,但不能接受放弃。如果回归初心,我们和客户做这个项目究竟是为了什么?

20世纪80年代,C国远远不是现在这副模样,那时候的它经济繁荣,被称为"西非小巴黎"。然而随着内战四起,在很长一段时间里,C国人民都饱受着战乱的折磨,经济也自此一蹶不振。

对于C国，甚至整个西部非洲区域而言，还有什么比安全稳定的营商环境更重要的呢？而这不正是智慧城市项目的重要价值和意义所在吗？通过部署现代化的统一通信系统、城市安防网络、智能指挥平台等设施，我们就能帮助客户建立起安全可靠、畅联互通、高效协同的智慧城市系统，实现各单位整体联动和快速响应，实施社会综合治理，构筑起防控一体化机制，在疫情期间发挥出独特作用。

有了初心的信念在，我们决定再试一次，试试总会有50%的机会！集中优势力量突破"城墙口"，项目组迅速分成三队。

一队负责说明项目一期、二期已经实现的商用价值，重点讲述安全保障和科技抗疫。我们的项目将为首都核心区域提供7×24小时在线的安防系统，同时为当地政府远程办公提供网络支撑。

二队负责说明三期项目的急迫性，尤其是对于项目平台升级、C国北部安防空白区域的覆盖。我们的项目将在一期、二期的基础上实现平台扩容，支撑更多机构和终端接入，同时可有效打击首都北部区域的违法犯罪活动。

三队负责说明项目成熟度，预付款已独立落实，年内可启动交付，顺利保障年底将要举办的各项节假日公共活动。

在这样的安排下，三队联合作战，就像步兵、坦克、炮兵协同一样，将华为组织作战能力发挥到极致。

客户听取华为的汇报后，内部做了多轮讨论，最终决定——"年内优先落实智慧城市项目"，并将决定书面告知保险公司。

当客户通知我们这一消息时,我激动得差点跳起来,过程中所有的艰辛、黯淡、挣扎在这一瞬间烟消云散。有了这颗定心丸,我也终于可以扬眉吐气,将这一整年日日夜夜行军打仗般艰难困苦如释重负地抛在了身后。

柳暗花明,"烂飞机"终于平安着陆

接下来,所有进展都很顺利:我们订好了目标,2020年12月底搞定所有流程——12月29日上保险公司董事会,30日出保单,31日交保费。

做完这一切工作和安排,我感觉一切稳妥,可以安心回国休假了。国内还有一件重要的人生大事在等着我——我准备和女友好好筹备2021年1月的婚礼。项目的胜利、爱情的甜蜜,人逢喜事精神爽,我神采奕奕、浑身松快,宛如掉进了蜜罐里,觉得自己太幸福了!

即将解除国内酒店隔离的我,正美滋滋地畅想着出去之后的计划。这时一通电话打了过来,我一看,是金融机构部的同事。

对方带来消息:12月18日,C国向中方提出了债务重组,董事会会议临时取消了。

"少来,别开玩笑了,这还没到'愚人节'呢!"我的思绪还沉浸在喜悦之中,没转过弯来,闻言哈哈笑了起来。

"丰年,我说真的,刚接到的通知,没跟你开玩笑。"同事一字一顿,声音听起来的确很沉重。

不破楼兰誓不还

带着一瞬间的难以置信和五味杂陈，这道惊雷才当头劈了下来，我慌了。

对于金融机构而言，对方提出债务重组，意味着你现在经济紧张到都还不起钱了，我还怎么能放心再借钱给你做新的项目呢？况且还面临债务重组后的一系列麻烦，风险太大了。

我瘫坐在酒店的沙发上，整个人像泄了气的皮球一样。我为这个项目奔波了整整一年，每天都像上了发条般高速运转，在紧张的氛围中，随时随地被各种混合交杂的有利消息、不利消息揪住心脏……这些我都挺过来了。谁知最后好不容易眼看生米要煮成熟饭，突然一切前功尽弃。此刻，我甚至连结婚的心情都没了。

我拨通了客户的电话一一确认，紧接着拨通了领导的电话，语气无比沮丧。领导反倒很淡定，开解我道："做项目是这样的，会有小阶段的胜利，也总会有难打的仗，你把眼光放得再远一点，放大到整个战役上面去看，不要只盯在一小块战场上。真正的保单还没出，其实你也还没有获得最终胜利，所以不用计较这一城一池的得失。"

其他领导和同事，包括客户，也纷纷打电话来安慰我："你想想一年前这个时候，我们当时觉得项目能签合同就不错了，但现在不都已经追到董事会层面了吗？其实已经做得很好了，而且预付款也拿到了，我们也启动交付了。"

"那接下来怎么办……这仗还能打吗？"我问领导。

"我们再想想办法，看看什么情况，是不是真的要重组。"领导答道。

现在总算是深刻理解了什么叫"没有退路就是胜利之路",我重新振作起来,开始转换思路,先去了解下 C 国政府提出债务重组的背景。

银行每年的还款时间点是固定的——1 月、3 月、7 月和 9 月,细细翻看记录,我发现 2020 年 5 月时 C 国已经提过第一轮的重组,当时已经偿还了本金和利息。我感觉像抓住了一根救命稻草,这或许说明它并不是真的还不起钱,还是有"抢救"空间的!想起领导那句话,我决定"两条腿走路":一方面,验证它是不是有能力还债,那就看下个月它会不会还款不就知道了吗?另一方面,我们去跟客户沟通,将项目停摆的利害关系传递上去。

通过与各方沟通,C 国政府最终同意让银行将 1 月份的利息单发过来。钱还上了,等再过了重组期,这个问题也就迎刃而解了。

2021 年 7 月的第一周,我们开始争分夺秒,把所有流程都想在前面、做在前面,在一周内完成了保险公司董事会评审、保单出具和保单生效三个里程碑事件。我们的项目也顺利完成了交付,给客户交了一份满意的答卷。

这一刻,我们这架伊尔‑2 烂飞机,终于平安着陆。

后 记

2019 年我刚来的时候,华为 C 国企业网仅有十人左右,到现在,我们的办公室里已经满满当当坐了四十多位"战友"。胜则举杯相庆，败则拼死相救，这份情谊永存心间。

当暴风刮起时，我们没有在树下躲雨，而是抓住战机打赢这场战争，拼命打下了"粮食"，这才活了下来，不仅如此，还实现了任总说的"有质量地活下来"：当"烂飞机"飘摇地穿过枪林弹雨时，客户不仅没有抛弃我们，反而选择坚定地和我们站在了一起。

在北非的日子，生活上虽然简朴，但精神上却无比富足。

在G国，我曾参与并见证华为在120个偏远农村架起与世界连接的桥梁，一位本地老爷爷站在华为基站前，平生第一次与远在城市里打工的儿子通上了电话，听到那熟悉的声音，他开心得咧嘴笑出了大白牙。

在B国，即使贫穷也从未磨灭当地人民至纯的淳朴与善良，看到我口渴却没带钱的窘迫，小店老板直接递给我一瓶100西法（B国的货币名称）的矿泉水说，没事，你拿去喝吧。

在简陋的办公室里，每次客户一见我们来了，一定要找人先帮忙擦一擦沙发上的灰尘；暑热难耐的夏日，客户不厌其烦地为我们讲解法务流程，手把手教我们，甚至错过了午饭；在港口，听说华为要来做ICT建设，客户亲自带我们参观，拿起笔从头到尾画流程图……

点点滴滴，我每每想起，还是心头一热。非洲这些客户是我见过的最好的客户，面对他们的热情、朴实、善良，以及满心满眼的信任，我们怎能不拼尽全力？

当前受全球大环境的影响，我们在北非面临的挑战更大了。没了"白面馍"，我们又想办法未雨绸缪开辟新战场，将视野转到做本地融资——能"挖土豆",也是好的。现在,我们也已经成功落实了第一个本地融资项目。

非洲因我们而改变,青春因非洲而绽放!道阻且长,终有荣光,我们依然相信——活下来,有未来!

(文字编辑:程佳画)

不破楼兰誓不还

一针探乾坤

吴　芳

"要不要了解一下风控大屏呀？来看看！"每当有人路过财经办公区域，我就会"嗖"地一下迅速站起来，指着身后的RCP（风控平台）大屏，露出标志性的微笑，然后卖力吆喝一番，那架势就像"柜姐"在推销一款最新的口红。后来，围观的人多了，我又协调来两台大屏放在销售人员和交付人员的办公区。久而久之，每天茶余饭后，大家都会到大屏前"评头论足"。

这是我2020年来华为英国代表处做BC时抓到的第一根"救命稻草"——通过"风险探针"的预警，帮助业务人员快速抓住风险管理重点。

只是我没想到，顺着这根"稻草"，我不仅节省了风控管理的时间，保障了内控结果，还从历史合同里顺藤摸瓜挖出了利润，为代表处的经营做出了贡献，也成了业务人员的给力伙伴。

你是来找人麻烦的

拥有在华为印度代表处五年的内控工作经验，我本以为能在英国大展拳脚，却没料到，一来就"惹"出了麻烦。

作为 BC，我需要指导、培训、协助业务人员有效开展内控工作，帮助业务部门有效管理风险，营造良好的内控环境。但由于新冠疫情暴发，我刚到办公室上了几天的班，就被要求全员居家办公。我只能借助 WeLink 与业务部门沟通，宣传内控 BCG（商业行为准则）管理要求等。

没想到的是，前脚，我刚发出一封 BCG 政策的宣传，后脚，投诉就来了！

本地合规官给我打来了电话："你的宣传有问题！"尽管他已经竭力压低音量了，但显然，还是没有克制住愤怒的语气。

我连忙安抚道："您先消消气，慢慢讲……"

听着他对问题的逐个"批判"，我的冷汗一下就流下来了，心里更是拔凉拔凉的。原来，华为在英国的业务与在印度的差异巨大，不仅公司的很多要求不适用于当地环境，就连"BCG"这个词都成了一个敏感词。原来我掌握的那一套 BC 的工作方法论，在这里根本行不通！挂了电话，我就像霜打了的茄子一样蔫了，心情逐渐坠入谷底，说好的宣传也只好暂时搁置。

好不容易盼到回办公室上班，我还没和大家混个脸熟，就开始做"找人麻烦"的事——对代表处上年度的审计情况进行问责。针对上年度审计揪出的交际应酬费报销不当、外包人力招聘不规范、采购不符合内部流程规定等问题，我需要一一去做回溯，客观还原事实，为管理团队做问责决策提供参考。这些工作对于营造良好的内控环境必不可少，但却不一定那么受人欢迎。作为一个带有监督意味的角色，BC 总给人一种"爱找人麻烦"的印象，很难和业务人员打成一片。

不仅如此，这段日子，我的生活也是一片兵荒马乱。不同于在印度享受"保姆式"的行政服务，英国推行的是住宿货币化。从办银行卡、租房子，到水电气税开户等一系列烦琐的手续，我都要"自食其力"，动不动还会被罚款，上下班没有班车，连直达的公交也没有，物价是国内的十倍，周末也没有地方可去……

前路无助又迷茫，我仿佛坠入了一个深不见底的井底，想要摆脱却无处可逃。当夜深人静的时候，在空荡荡的宿舍里，我忍不住崩溃大哭：英国，我真的来错了吗？离开家人，独自来英国"闯荡"，我究竟图的是什么？

"风险探针"的威力

转机出现在不久之后。

从 2020 年开始，由于"灰犀牛"频发，英国代表处业务快速收缩，人员大幅减少，原来东一锤子西一榔头的风险管理方式显然行不通了。恰巧此时，总部正在推行风控大屏，它具备可视化全量数据、线上管理功能，可以及时揭示业务和经营中的风险。这如黑暗中划过的火柴，一下点燃起我的希望。

风控大屏包括"CNBG（华为运营商业务）责任中心风控大屏""项目重大经营偏差风险""CNBG 收入异常风险"等十几块大屏，可以实现从全球到各个地区部、代表处、系统部再到具体项目的层层钻取，支撑各个维度的风险管理，就像手术刀一样可以层层深入肌理内部，逐层剥离、剖析，也被形象地称之为"风险探针"。

比如，打开"CNBG 责任中心风控大屏"，红色预警提示就会直接跳出来，包括长期未改进风险、本期新增高风险，这可以帮助业务人员快速抓住风险管理重点，实时掌握风险全貌。销售、交付、供应、采购、项目经营、财经六大风险领域的问题一目了然，如端到端提示从供应商选择、PO 下发、PO 履行及验收、付款等环节的工程采购领域风险，提示无 PO 入场等疑似遵从性问题、超长期 PO 未验收等交付效率异常风险，以及工程预付款超期应扣未扣等资金安全风险。它还可以通过红、黄、绿灯的警示，拉通、审视各个代表处的情况，和全球平均水平进行对比，寻找差距。

在印度代表处的时候，我只是听过"这个风险探针很好用"，这次则是眼见为实。好比一节节列车车厢载着旅客风驰电掣般飞向不同的方向，背后有一个"超强大脑"在精准指挥，随时监控列车的运行情况，风控大屏就是这样一个"高铁系统"，通过风险探针，实现事前或事中的风险预警，支撑业务及时做出决策，而不是"亡羊补牢"。

我在心里琢磨，既然以前的风控管理方法不奏效，那么为何不保持空杯心态，重新拥抱新的变化和新的方法？于是，我根据英国业务环境及特点，选取了六个重点管理大屏，推荐大家应用。

不过，等待我的却是冷冷的回应：

"大屏数据很多都不准！"

"我们有自己的工具，为什么要用这个？"

"这些我在 EXCEL 里也能看到，有必要重复录入吗？"

……

我迟疑了一下，好像他们说得都对，让人无法反驳。但是，过去的做法、过去的方案一定适用于未来吗？公司的业务在变化，管理也在变化，只有不断调整心态，才有可能更好地服务一线。数据不准可以修正，使用习惯可以培养，数字化的浪潮无法抗拒。何况我初来乍到，业务、人员都还不熟悉，只能抓住风控大屏这根"救命稻草"试试看！

于是，我开始进一步研究风控大屏，把我觉得匹配英国代表处业务的大屏，一一打开查看，并且导出预警问题的明细，进行分析。面对海量的 PO 行，我通过找规律、分项目以及与其他数据校验等方式，筛选出疑似存在问题的项目和合同。

接着，我拿着具体的问题，开启了我的"十万个为什么"——我问 PFC，问项目组：为什么某个项目里的这个 PO 存在超期订未收？货发了吗？上站安装了吗？安装验收了吗？开票了吗？……

慢慢地，我开始收到一些反馈。比如，有 PFC 向我解释说，是由于客户安装计划有变化，但没有在系统里标记造成的。尽管这些疑似问题的预警,大部分是误触发的,不是业务或者经营本身有问题或漏洞,但我没有气馁,而是继续按照这个方法来探索。

这样运行了一个多月,有一次,我又从系统里面筛选出一个收入异常的问题,反馈给项目组。很快,项目组的人员回复了邮件:"由于人员变更,收入漏触发了,谢谢你的提醒!"

我喜出望外,受到了激励:风控大屏真的有用!只要大家都用起来,数据质量就会越来越高,命中率也会"噌噌"往上走!

如一道阳光穿透层层的迷雾,我眼前的世界似乎一下敞亮了许多。

挖出 200 多万美元的"土豆"

令人意外的是,代表处的交付副总裁不久也找到了我:"听说你们有个风险探针很好,可以发现一些问题,下周五下午我们组织个研讨会吧!"我连声应着"好",激动无比又有些受宠若惊。

我开始筹划与交付团队的这次难得的交流机会,PFC 们也一同加入了讨论。我们从 CNBG 中的"订收存量风险"一项入手,拿出全量的数据,与 PFC 手中管理的台账相互匹配,逐一分析。

我们把这些问题分为四大类:第一类是无效的订货存量,需要销售人员去清理、推动关闭;第二类是需要触发收入的,需要分析具体未触发的原因,尽快完成触发;第三类是规则不适用造成的"假预警",需要我们和总部大屏相关负责人沟通,完善规则;第四类是待观察的,目前还没有达到收入触发阶段,需要持续关注的。

让我们兴奋的是,这么一梳理,我们竟然挖出了 200 多万美元的未触发收入,也就是财经人常说的"挖出了土豆"!大家相视一笑,风险探针的价值跃然而出。

研讨的日子如期而至。在一个培训教室里,我们和项目组人员齐聚一堂。我们将准备好的探针的逻辑背景、功能、大屏分析结果一一展示,PFC 们把四大类问题一一进行阐释和分析。

当听到被挖出 200 多万美元的"土豆"时,大家的脸上掠过了惊喜的神色,开始你一言我一语地讨论起怎么能把"土豆"变成钱。比如,有些收入没有被触发,是因为客户的 PO 已经关闭了,PAC(初验证书)文档有缺失。我们必须要拿到新的 PO,才能在客户界面获得 PAC 文档,触发收入。这就需要销售人员和客户沟通,寻找合适时机。再比如,有些是因为客户一直没有确认收货,那就需要我们和客户沟通,找到没有确认收货背后的原因……很快,我们和项目组一起讨论出最后的任务令。

但这只是一次性合作,如何把责任分工、固化下来、形成机制呢?我们输出了《订货存量风险管理机制》,明确了各方的责任:PFC 负责人负责制定流程,我负责制定责任分工,销售管理人员负责组织系统部对风险进行审视,交付质量运营人员负责组织项目组清理……这份文件凝结了流程、分工、责任、运营机制等多方实践思路,是大家共同的心血结晶。而我,也因此对订货管理业务有了更深刻的认识。

之后，我们还顺势而为，输出了《英国代表处风险探针管理要求》，明确业务流程内控责任人的分工。业务负责人对探针结果承担第一责任；PC（流程控制）人员协助进行日常管控，包括预警、协助业务人员干预、跟进闭环等；各相关业务人员负责制定干预计划措施，并落地执行。我作为探针管理的PMO，负责向业务提供探针赋能培训，协助业务反馈优化建议，并监督各项结果管控情况。

我记得那个冬日的下午，金黄色的阳光洒满了偌大的会议室，穿梭于每个微隙之间，那么暖和、那么美好……

我和大屏都火了

研讨会之后，三台放在办公室里的实物大屏，突然火了！代表处的人经过我的座位都会主动和我聊上几句。

"又在介绍大屏呢！"子公司董事资源局监督董事时常端着茶杯过来，笑着问我。

"你推销得很成功啊，我们项目组好几个本地项目经理都来问我大屏上的问题！"曾经抱怨过录入数据麻烦的PFC，对大屏的态度也有了180°转弯。

"我们月度例会都在看大屏了！"采购主管兴奋地对我说。我赶忙点个赞："难怪采购静态份额偏差这几个月都是零呢！"

"太好了，我们的数据不全，这个屏有全量数据，测试借货跟我们平时的数据一致性很高！"供应链PC也兴致勃勃地说道。

不破楼兰誓不还

……

而且，在每个月的风控联席会上，大家不用准备材料了，对着大屏的"靶"，就能有的放矢地讨论。我们月度审视大屏"探"出的结果，进而审视销售流与项目组流双向管控清理的成果，业务同事只需要按照风控大屏的预警去管控即可。财经、销售管理、交付等数据源头得以统一，达到空前的和谐……当看着大屏上订货超期未确认收入的数据逐月大幅下降时，我心里有说不出的感动！

2021年，通过风控大屏，我们降低了订货存量风险敞口数千万美元，变更了数千单合同，给代表处增收了数百万美元，成了全球的标杆代表处之一。

而对我个人而言，我把"找业务麻烦"的时间花在研究大屏探出的风险上，从KRI（关键风险指标）探针背后的逻辑了解业务的逻辑，从而理解业务中容易存在的风险。这样一来，在与项目组人员交流的过程中，我可以做到事前"提醒"，而不是事后来"追责"。业务部门逐渐感受到，我是真的想帮助他们，而不是来挑刺儿的，对BC的刻板印象有了很大的转变。我终于融入代表处，与大家成为同一战壕里的战友！

写在最后

2021年年底，英国代表处的"CNBG责任中心风控大屏"上全线飘绿，这意味着代表处全年的业务和经营风险控制在有效范围之内。

2021 年底审计的时候，项目组信心满满地说："有了收入大屏 ESDP（电子软件交付平台）激活情况的提醒，审计来了也不怕！"最终，我们也确实没有出现过软件交付收入的问题。

2022 年年初，在识别风险全景图的时候，CNBG 等各个业务模块，基本靠风险大屏就能发现问题，不用再投入人力花时间去做 PR（主动性审视）。

……

从某种意义上说，"风险探针"节省了我们风控管理的时间，保障了内控结果。虽然这一年，我确诊了新冠、宿舍遭到入室盗窃、因为疫情两三年没有回家……但迈过这些坎坷，看到自己努力的收获，切实感受到风控管理的进步，我的内心丰盛而自足。没有大喜大悲，只相信岁月静好的背后是"谋事在人"的信念。

"每个人的生命中，都有一片荒野，需要你自己探出一条路来。"这是《走出荒野》里让我印象最深的一句话。作为 BC，初到英国代表处时，我用"风险探针"探出了一条风控数字化管理的路，在艰苦的环境下做出了自己的一份贡献。而如今，我转身为英国代表处的 CFO，将要探索一条更难走、更惊险的路。虽然在这片土地上，外部风云变幻，前路充满挑战，但我想全力以赴，不负韶华、不负自己！

（文字编辑：江晓奕）

不破楼兰誓不还

马来西亚追梦十二载

Low Sze Chee

"我应该怎么称呼你？于琪还是Chris？"

"我还以为你是外派过来的，你中文怎么讲得这么好？"

在华为工作的十二年里，这几乎是我最常听到的两个问题。回想这一路在马来西亚账务共享中心的历程，我的中文越练越好，内心也越发笃定与坚强。我很喜欢一句话，"人生虽然是五味杂陈，但决定人生况味的，不仅是你所拥有的才能，更是你对人生的态度。"

在"寻味"的旅程中不乏多个值得回味的点滴时刻，我也收获良多。

乙方"翻身"做甲方

大学毕业后，我顺利地加入了国际审计事务所，这似乎是每一个会计专业毕业生的固定"出路"。在外人看来,审计工作是光鲜亮丽的"周游世界",但他们没有看到的是永无休止的奔波与漂泊。工作五年后,我对安稳地干一份事业的渴望达到了极点。我知道是时候需要做出选择了。

2010年,一次偶然的机会,我看到了华为马来西亚账务共享中心在招聘具有审计经验的员工。经过几轮面试,我很幸运地拿到了offer。就这样,我转向了新的人生岔路口。我的华为生涯开始了!

"Chris,你快去把权限开一下,然后我再告诉你,这个系统该怎么看。"

"不好意思,我想请问下,'开权限'是要开什么?'权限'是什么意思?"

"这个怎么解释呢?让我想想……'权限'就是允许你做这个事情,就是这个意思吧。"

我至今都不会忘记,当我问出这个问题时,导师脸上的困惑和无奈。我刚进公司的岗位是收入核算会计,主要的工作职责是看护收入成本核算,保证账务的准确性、及时性及合理性。虽然,从负责审账的乙方到做账的甲方是个不小的转身,但我科班出身的专业能力和在审计所五年的摸爬滚打,让我很有信心去胜任这个转变。反而令我没想到的是,语言却成为我在新岗位上需要克服的第一个难关。可能很多人不知道,马来西亚的本地中文是非常具有当地特色的,是普通话、粤语和潮汕话的"混搭"。因此,刚到办公室第一天,我就被同事们的飞快语速和复杂词汇震惊了。语速上我还可以拜托对方讲慢点,但文化差异下的用词不同，着实令我难受了好一阵子。那段时间，我感觉我每天都在参加全天候的"汉语水平考试"。

我还在努力摸索汉语水平考试的答案，业务上的考验也突然到来。因为有位同事要紧急回国，主管安排我在两周后承接她的工作，独立负责印度尼西亚的账务月结工作。当时，结账系统还没现在这么成熟与高度集成，一想到需要手工结几百万的账目，我的头皮就开始发麻了。

我感觉我之前"轻敌"了，这个甲方工作也确实不好做。印度尼西亚作为华为海外业务最大的几个区域之一，接手新工作意味着我需要在两周内从零开始理解整个收入确认的流程与背后逻辑，再手工模拟后通过 Excel 去完成结账工作。

"不要凌乱！"这句话成为我这两周内给自己加油打气的口头禅，会计的专业素养也不允许我出错。

最初，我很难完全理解背后的业务逻辑，我只能通过"记笔记"这个朴实的方法来开展工作。还记得，一条服务收入的确认，拆开就有三十多个步骤，我把每一处都记录下来，然后用上个月的账去做演练；直到我做出的账和上个月的结果一致，我才敢去上手"碰"这部分的账目。我知道我取得了第一阶段的胜利！接下来，在继续结账的同时，我开始思考背后的逻辑，为什么要这么做，每一步需要关注的风险点是什么……

就这样，我做得越来越顺，在忙而不乱的情况下，圆满地结束了这第一次的"大考"，后面也逐渐成功接起了印度尼西亚区域的账务管理工作。

那个女孩，让我想到了我自己

2017年，我在担任收入核算会计团队负责人和印度尼西亚核算经理等岗位后，被提拔为负责整个亚太区域的核算经理，工作重心从单一团队向跨团队、跨部门转移，压力也随之陡增。不同于从前仅仅看护好一个核算团队业务的"大管家"，新的身份需要我具备更大的全局观，去思考整个部门未来三到五年的规划，并且要对团队里三十几名员工的职业规划负责。新身份的转变，让我有更多机会去实践一些理念与价值观，伴随着阵痛摸索着，我对业务和管理有了更深入的理解。

我们的工作被大家称之为"生命线"，不求攻坚项目般轰轰烈烈，只求在细水长流间把业务流中的财报风险管理好。接手后，我一方面关注闭环前期遗留的问题；另一方面聚焦于进一步提升后续的工作质量与效率。

但是，如何做好人员的管理与培养，成为我晋升为管理者后的一次试炼。

2018年初，公司根据IFRS15（国际财务报告准则第15号：源于客户合同的收入）的修订，计划上线新系统。不同于每年仅一次的传统年结，我们要在年初四十天内经历三次（2017年年结、2018年1月和2月月结）结账，这是全公司会计人员第一次在这样短的周期内经历如此高强度的收入核算，压力可想而知。更令我感到不安的是，当时有一半的员工是毫无结账经验的应届毕业生。时间紧、任务重，新员工经历短暂的培训后，必须跑步上岗，马上投入结账工作，才能确保每个人手里几千万美元的账在年结时不出错。

一个临近年结关闭的上午,我望着办公室里一个个忙碌的身影,看着他们疲惫又紧张的神色,我很心疼,也很自责。可是,业务体量又实实在在地摆在我们面前,我也很难去改变现状。虽然我知道大家压力很大,却也只能强装作镇定,支撑整个团队的稳定,在背后独自一人感受着这份无力感。

"只有不到十分钟了,怎么还有一笔几千万的账没关闭?赶紧过来几个人帮她做笔调账,她都在那里弄好久了!"一阵嘈杂,打破了这份安静。

"她"是我们部门负责印度尼西亚区域的核算会计。由于校招面试表现很好,我也对她寄予了厚望,安排她接手区域内体量最大的单国业务。她是一个会计专业素养很高也愿意思考问题的小姑娘,我经常能看到她在办公室里挑灯夜战。但是,一旦压力过大时,我就发现她的不自信和手忙脚乱。对于她的工作安排,我一直很纠结,一方面我想给她更多承重的机会,但是另一方面几次结果不如预期后,我又担心换掉她会伤害她的自尊心。从第一次年结到现在,她一直都做得磕磕绊绊,我犹豫了好几次,也没狠下心换她。

调账不及时会直接影响当年财报数据的准确性,我马上安排了有经验的同事去处理,最终赶在年结关闭前有惊无险地完成了结账。

大家长舒了一口气,总算熬过了三次结账。我一回头,看到她坐在一旁,呆呆地没讲话,鼻子红红的,手里的纸巾攥成一团。就像那些奋战的夜晚一样,她还是独自坐在位置上,但以往的专注转为了落寞。

这个女孩子，不就是当年的我吗？

我知道，这次我必须得下狠心了。专业的财务素养和做事踏实认真是她的优点，但面对印度尼西亚这样一个账务体量大且场景复杂的区域，她现在还不能完全胜任。复杂压力导致的不自信与慌乱不能成为否定她的理由，那么如何能在业务上引导她发挥出更大的能力？我不禁问自己这些问题。几天思考后，我决定让她转身到区域内的中小国家，从体量较小的业务开始做起；同时，我还根据她的兴趣和专业方向，计划让她接手几个重点洞察项目。

"是我自己能力不行吗？让我再试试吧，能不能再给我一次机会？我肯定能表现得更好。"她红着眼睛望着我。我知道，我戳到了她的自尊心。

"这不是对你的否定，这些我也亲身经历过。从中小国的'小活'做起，做得越好，自己的基本功也会越扎实；相反，如果在一个复杂的环境里，基础工作做得很费力又把自己弄得遍体鳞伤，我会更心疼你。以后还是有机会过来管印度尼西亚的业务，从哪里跌倒就要在哪里站起来啊！"我尽力安慰她。我知道这不仅对她而言是一次转身的阵痛，对我来说亦是如此。

后来，她在中小国的业务做得非常得心应手，还通过主动调研多个共享中心推动了亚太区域的账务机制改革。她不止一次对我表达了感谢，我又何尝不感谢她呢？感谢她让我学会如何管理一个团队，如何更好地成就团队中的每一个人。

不破楼兰誓不还

找回我们的影响力

2019年,我成为整个亚太区域的销售核算部部长。作为第一位外籍部长,我在感到自豪的同时又有些许不自信,始终感觉我缺乏一种所谓的"影响力"。

那年,我第一次代表马来西亚账务共享中心回华为总部参加年度工作会议,按照惯例,会议组织各个共享中心的主管们参与业务研讨与分享。我精心准备了区域内的工作总结,计划着给大家留下一个好印象。

但会议开始没多久,我就傻眼了,甚至可以说是"心虚"了。他们分享内容的深度,是我难以企及的。会议室内高谈雄辩,我机械地把自己的PPT翻了几遍后,默默走了出去。

"我感觉太丢人了。我自己倒没什么,我感觉丢的是我们共享中心的脸。"我给领导打电话,把会场里的事情一五一十地讲了出来。

"放轻松,哪有那么严重?你去听听,多学习下,顺便也给他们'挑挑错'。"我知道领导只是在安慰我,准备的材料还要讲完,我只能快速调整好心情,回到会议室。

在从深圳回吉隆坡的飞机上,我一直在思考这件事。这些很有价值、很有道理的分享应该是在日常工作中积累的对业务更深层次的理解与思考,只有通过更具有全局观、更具系统化的思维去审视工作,才能得出这些心得,才能让周围的人看到我们区域的影响力,而这也是我在新岗位上要持续去补足的地方。

很快，我迎来了一次将思考得以实践的机会。在一次组织会计作业自我审视的会议上，大家对监控点异常数据的处理，讨论得热火朝天：

"在收入配置变动的监控点上，我这里有几千条异常数据，最近怎么报告出来这么多？"

"是啊，而且现在增加了很多新业务和新场景，还要去和业务侧再确认，总打扰人家，我们都不好意思了。"

"也得先验证下他们的反馈吧？不弄明白的话，审计也会来'挑战'我们。"

……

处理监控点的异常告警是收入核算会计的重要工作内容。所谓的监控点，就是一套预设的逻辑规则，通过这条规则去校验业务侧反馈的收入是否合规、准确。当实际数据与规则不匹配就会形成异常告警，我们就需要对这些反馈进行分析、对其合规性做出判断。"收入配置变动"，作为最常见的监控点，既往的异常告警分析大部分是依靠会计的个人经验。但随着业务不断拓展，面对新场景下的异常告警，会计就需要反向与业务侧沟通，进行多次的核实与修正。整个过程耗时很长，严重影响作业效率。

举个例子，一杯标准的咖啡包括咖啡、牛奶和糖，我们会把这三大件设置为监控点，无论多一件还是少一件都会触发异常告警。当告警产生时，我们可以根据经验对其分析判断，比如当收到反馈少一份糖时，我们知道很多人喜欢喝无糖的咖啡，这是一个合理的搭配，因此这条异常就会被认定为无风险；但

不破楼兰誓不还

当反馈咖啡里的糖被换成了盐,我们就没办法确认这是点咖啡的客户自己想加的,还是咖啡师的操作失误又或者是某些场景下的"限定饮品",因此我们就需要反向去求证,再评估判断其风险。

我们能不能靠自己看懂业务?监控点能不能设置得再聪明一些?我们在亚太地区率先开展了强化监控作业和交互管理的尝试。

秉承"能力由个人建立到组织"的原则,在华为总部发布的各类操作指导、标准和指引的基础上,我组织了团队和业务侧专家展开多次研讨。我们打开了一个个业务操作的界面,主动学习各个界面的逻辑与规则;同时,我们也积极推动优化监控模型,并通过建立合理的阈值来进一步提升检察的效率与准确性。通过几次深入的探讨与演练,我们总算看懂了、摸清了!

我们把这次研讨的成果进一步总结,输出了监控作业的"一指禅"。同时,为了帮助新员工更快理解和上手操作,我们还将核算作业的各个步骤分解后进行了录屏,并将成果分享给其他的账务共享中心。直到现在,我们还在针对"一指禅"进行不断丰富与迭代。对于这本沉甸甸的指导书,很多共享中心的同事都曾给我发来感谢的信息,说它是一次很有影响力的创新性尝试。

我很自豪,我们的组织也具有了自己的影响力。

今年,我又有了一个新的身份:我将以子公司财报管理部部长的身份步入我在华为的第十三年。回顾过去在收入核算领域十二年的点滴，变好的不仅仅是我的中文水平，我的内心也变得越发笃定、越发强大。从最初关注自己的成就到主动去成就别人，我在这一路上收获了满满的回忆与感动。

我更加期待，下一段旅程会品尝到何种人生况味。

（文字编辑：葛松林）

不破楼兰誓不还

乘风破浪的资金数字化之旅

汪志华

刚进华为,我便闹了个大笑话

"志华,你有二十笔业务快到截止时间了,怎么还不处理!" 2014 年 6 月的一个忙碌的结算日,身旁的同事按捺不住,疑惑不解地催促道。

"我正在一笔一笔处理,估计还要半个小时!"还是新员工的我欲哭无泪,又急又慌,嘴上一边回答着,眼睛却一刻也不敢离开电脑屏幕,反复确认付款金额、日期和收付款人等关键信息在系统不同界面上是否一致。

同事一看,原来我正在手忙脚乱地核对着密密麻麻的信息,一瞬间哭笑不得:"这些都是可以直通处理的付款,我们的资金管理系统已经保障了各个页面信息的一致性,不需要重复校验了,选好支付方式之后,就可以直接提交给复核人啦!"

在同事的协助下,最终,我仅仅花了两分钟就完成了业务的提交,赶在截止时间前快速完成了出款。

这一刻,我大受震撼。

都说付款无小事,以前自己转账超过1000元都会来来回回检查好几遍,生怕把转账信息给弄错了,更何况如今是数笔上百万元、千万元的华为公司账户付款呢!在华为资金业务的处理流程中,资金结算是至关重要的一环,作为一名资金结算专员新手,我的付款操作是否准确、及时,不仅直接决定了各子公司是否有钱"吃饭",更决定了公司在金融市场上的信誉。如此"高危"的作业环境下,我的神经高度紧张,生怕自己稍有不慎,便给公司带来难以挽回的资金损失。

为了确保我的每一笔付款都准确无误,即便是直通处理的付款,我也会强迫症般多次"火眼金睛"检查无误后,才能放心地提交给下一环节的复核人。

没想到……其实根本用不着这样?!

闹了这次笑话之后,导师系统性地给我介绍了资金管理系统的架构及控制逻辑,我顿时如醍醐灌顶。

原来,我们日常操作的系统是华为IFS项目变革中的重要成果,支撑了资金计划、交易、账务处理和结算等核心作业环节。作为业界先进的软件包,系统中沉淀了业界大量的优秀实践,不仅可以记录全生命周期的信息,而且对资金作业安全的关键环节实现了系统控制,是妥妥的资金管理部的"ERP(企业资源计划)"!

我第一次深刻领略到了一个好系统带来的便捷和魅力。自此之后，我开始对资金系统产生了浓厚的兴趣，渴望探索系统背后的业务管理意图，通过翻读这本充满奥妙的"系统之书"，提升自己对业务的理解。同时，我也从新手小白快速成长了起来，成为近两年上手业务最快的新员工。

同时，随着业务的发展，系统也需要不断"升级"。基于使用场景，我也不断提出新的系统优化方案，继续谱写"系统之书"。

走进系统，我成了系统建设的主力军

都说账务最怕月初结账期，而资金人最忙不过"月结"和"年结"。

每到月末，办公室宛如一个大型的作战室，热闹非凡。从现金到交易结算，每天都在打一场又一场惊心动魄的战役，调拨、外汇、投资及融资业务滚滚而来，业务员忙着询价、填交易单、录入系统、跟银行确认……上下游接口人的交流声音此起彼伏。

当每天夜幕降临时，日终检查的负责人遵照checklist，沿着业务流程，一步一步核对指令、交易单、结算处理、权签、收款是否已完成，直至日终检查报告发送给业务主管后，才终于可以长舒一口气，而此时通常已是晚上10点。

在经历了我职业生涯的第一个年结之后，我忍不住思考："月末业务量井喷，咱们的业务流程涉及太多环节，很多关键信息靠邮箱或者纸面传递，是否有办法让月结不再痛苦？"

一个月后，当我带着自己思考找到主管，准备讨论如何优化时，主管期待地看着我说："资金中心正计划成立'资金共享服务质量效率提升项目'，希望通过'增效'实现在业务量增长甚至翻番的情况下，人员无需同比例增长，你要不要加入？"

"当然！"我听完立刻点头答应了，这也是我肩上的责任。很快，我作为业务骨干加入了项目执行组，与来自 FRCC 团队的外籍老爷爷 Greg（格雷格）、中方专家 Colin（科林）开启了流程及系统的主动性审视之旅。

Greg 入职华为前，曾在 I 公司担任过资金主管，在资金领域有着几十年的专业经验，也是整个项目的指导员。在他的带领下，我们从价值定位开始，沿着业务场景、流程活动、系统管控和组织架构的思路进行 360° 的全方位审视。

就像名医问诊，只有当病人能清晰描述出症状，医生借助先进的医疗设备全方位审视扫描，才能发现"病因"所在，找到药到病除的良药。我们也一样，经过四处细细问诊、一轮又一轮的讨论之后，在外汇业务领域，我们审视完了每一个模块，最终揪出了三处流程往复、七个冗余 SOD（职责分离），大大优化了业务流程。

打好了资金结算作业的流程地基之后，下一步我们要做的，就是在此基础上建设一个快速处理的系统平台。

这是我第一次作为单一模块的业务接口人，主导团队的系统整体审视及优化工作。在我手足无措的时候，系统架构师给了我很多指导和帮助。借鉴历史的 IT 变革管理经验，我逐步了解如何从现状分析、差距识别到逐步形成解决方案的整个过程。按照业务场景，我逐一审视流程动作及信息是否有系统覆盖，上下游数据是否集成、是否强控的问题。

为了更加直观，我想了一个好办法，将每一个要检查的要素画成了一个个"绿色"和"红色"的数据圆点，绿色代表已实现系统集成，红色代表仍存在手工操作的断点。很快，我画好了一张张数据流向图，如同铺满了围棋的棋盘，落下的棋子"红绿"分明，一目了然。

然而看到那张"红子"占据上风的全景图之后，我才明白，原先烟囱式系统建设，造成了现有的系统间的割裂，也增加了业务的手工操作和审核点。

如何才能拆掉"烟囱"，打通系统的"毛细血管"呢？我和前端业务人员、IT闷头泡在会议室里，以外汇业务打样，开始多轮方案研讨、头脑风暴。

前后端集成，用什么作为单据的端到端的唯一编码？单据在流转过程中，需要拆单，如何控制拆单后的交易与指令的匹配性？前端系统确定了哪些关键字段，如何说服前端部门增加相应的字段？……

带着这些问题，我们通过"三阶九步"法，从"前段准备—集成开发—后续管理"三个阶段一一突破，明确业务流程和规则、提出IT构思和实现方案、进行方案可行性分析、形成集成需求高阶方案及资源匹配、开发测试……最终成功打通了系统的"毛细血管"！就像大家在网上购物时，可以通过商品订单，可视化跟踪从下单、发货到物流送达的全流程，我们实现了以指令编码为起点，建设端到端的交易、结算、收款的集成控制系统，确保指令不丢包，支撑业务指令快速处理，全程可视、可追踪。看到系统一步步蜕变、进化得如此"聪明"，我们露出了老母亲般的笑容，太激动了！

在 2016 年的新年致辞中，资金管理部总裁忍不住为我们点赞："精益求精，通过流程 IT 的建设不断提高交易质量，不到百人的资金中心支撑了全球逾 200 个国家和地区万亿美元的交易结算量。"

我们也由衷地为自己感到自豪，通过团队的智慧和力量，用数字化结束了部分"作业靠吼、业务靠走、操作靠手"的"半自动化"年代，翻开了数字化管理的新篇章。

给系统装上"策略大脑"

能快速处理业务的系统平台建好后，我的"数字化之旅"却远未结束，前方更壮丽的山河画卷正朝我徐徐展开，吸引着我不断前进。很快，我又迎来了新的挑战。

作为资金人，我们紧盯全球金融市场，关注着上百个币种的汇率和利率走势，对比各家金融机构的报价后做出交易决策；我们支撑着全球每年超过 10 万亿元人民币的资金结算处理，并多年来持续保持"0"资金损失的高标准。然而，这些成绩的背后，依靠的是一个个充满责任感且细致谨慎的作业人员：他们争分夺秒，与时间赛跑，避免因错过业务截止时间而违约；他们经历过因支付方式选择错误，被复核人发现后驳回，一场场有惊无险的"重复支付"……

正当我们开始思考这些问题时,机会正好也来了。

2017年,财经质量运营的两位同事找到了我们说:"资金中心每年处理上万亿元的业务,相关的业务规则都是依赖于人工判断,我们想跟你们共同探讨一下,看看是否可以将语文题变成数学题?给系统装上'策略大脑',将作业规则、专家经验转化成系统规则,通过模型构建来提升作业质量、保障资金资产安全。"

"那太好了,我们一起来看看!"大家眼神一对,一拍即合。

接下来,对方给我们组织了一场两小时的方法论"松土"培训。为了完整地识别业务规则,我们遍历了所有的政策、流程、操作指导、checklist、授权、作业人员的手边操作指导书,审视流程中涉及的活动、控制要素和规则及其系统承载情况。

完成首轮梳理后,我们与团队的专家合作,基于其历史经验及案例,补充了专家的经验类规则,从而形成了业务规则全景。

然而这才仅仅是开始,更为艰巨的是规则的翻译和结构化。为了让质量运营的IT同事们理解业务规则,我花了两个小时讲解业务规则。由于财经类业务专业性较强,听完之后,IT同事们仍然一知半解。

"要不这样,我给大家模拟一遍我的作业过程,边做边讲解?"我建议道。

在我端到端的作业模拟过程中,IT同事终于理解了"四重匹配"原来是结算专员需要以指令为起点,将后续不同环节的内部作业信息及外部独立获取的信息进行一致性比对，确保字段的匹配信息，以控制内外部交易差错及欺诈风险。"我理解了！其实这个过程就是判断 A1=A2=A3=A4，B1<=B2<=B3<=B4，这就是典型的一致性规则！"比如要完成检验这个动作，就是要判断"指令中的日期""方案中的日期""系统中的交易日期""银行确认邮件的日期"四项的一致性；而对于部分场景下的金额，则是"指令的金额"要大于、等于"方案上的金额（因为可以拆单）"，等于"系统中的交易金额"，等于"银行确认邮件的金额"。

在反反复复的磨合中，我逐渐理解了 IT 的"规则世界"，IT 同事们也越来越理解资金业务的本质。将经验转变成规则，通过模型构建，持续提升作业质量，在数字化建设道路上，我又学到了新的方法。

最终，我们提炼出了八大类明细规则，将十类产品的四百多个人工审核纳入了系统管控，实现了从结果管理扩展到过程管理，系统智能辅助，减少了对人工的依赖。这样一条作业处理高速公路建好之后，我们的系统更加"智慧"了！

后来，大家在做发票融资的时候，发现不仅减少了人为差错，还能保障业务遵从，单次作业平均耗时由三小时减少至一小时之内，其他业务也都得到效率上的大幅提升。

作战指挥中心诞生了

时间一转眼到了 2017 年下半年，我的乘风破浪之旅又有了新的航行目标——我加入了资金质量与运营团队，接到的第一个任务便是跟团队成员一起，统筹设计面向管理层的指挥作战平台。

从前，如果公司管理层的领导们要看数据，需要由作业人员进行数据整理、汇总，往往耗费很多时间精力之后，才能形成全面的数据信息，同时大家也无法实时进行风险监控，无法支撑管理层快速决策。

"我设计的产品将被集团CFO、资金总裁使用啊！太荣幸了！"接到任务后，我十分兴奋。我和团队成员们大开脑洞地畅想着，如果我们能实现数据透明可视、垂直穿透管理，不就可以改变现有的资金指挥官的作战模式吗！想到在无数的好莱坞科幻电影大片里，那些指挥中心或作战室都科技感十足、炫酷不已，无论指挥官想要什么信息，只需手指轻轻一点便立即智能可视。

我们根据业务需求，明确了我们自己的"全球资金指挥室"的目标。一方面，对准资金运作的报告可视化和风险监控，面向管理层提供口径统一、多视角的资金业务全模块可视化报告，支撑价值决策；另一方面，支撑未来中央集权管理和更好服务"一线"的管理诉求，支撑各层级的业务管理、监控和数据获取，减少机关对"一线"的打扰。

有了这个方向指引，我们设计出了全球资金指挥室的四类方案，覆盖日常办公、经营分析会、出差区域和交易对手交流四个重要的作战场景，既能清晰地看"业务运作"，实时把控"资金风险"，还能详细考察"区域经营"，了解"交易对手"。

随着"航程"逐步驶向纵深，我深深感受到这个任务的沉重与压力。尽管资金报表及指标建设已逐步成熟，可是面对这么多复杂的指标——规划与流动性、全球资金存量、资金风险……哪些是管理者最关注的指标呢？这些指标的准确性如何？各项指标如何展示才更合理？数据如何实现层层穿透？……我们将心中的疑问一一列出，逐步寻找解题思路。

先从指标设计开始，我们与各业务模块基于部门KPI、SP（战略规划）、BP（业务规划）、管理分析类指标和实时运营监控类指标等梳理形成了三百多个指标清单及辅助信息，并对指标进行分门别类，形成可视化大屏架构初稿。

随即，我们叩响了总裁办公室的门，对总裁进行了深度的业务访谈，最终明确了资金作战室的系统架构，区分为管理者作战室+各业务能力板块的作战指挥大屏，同时形成了总裁最关心的指标清单。

有了这些指标，我们才算一只脚刚刚迈进了门槛。接下来，这些信息如何呈现和交互才是最合理的呢？背景和字体该如何设计？指标用泡泡图、地球图、飞线图还是柱状图展示？如何进行用户交互，如切屏、放大、钻取（点击界面弹出进一步的详细信息）？用户交互是作战大屏设计的核心要点，也是关键挑战。

那段日子里，我们跟UX（交互体验）团队进行了大量业界调研，尝试了无数次的背景及用户交互展示方案，慢慢形成了八个版本的设计方案。

我们持续升级"打怪"，为了更好地支撑管理层进行全球资金的布局规划管理，审视全球两百多家子公司、数百家银行的数千个银行账户里的资金存量数据,并根据业务需求和金融市场环境,判断分地域、分币种、分子公司的资金调配情况,资金的大屏建设也对数据集成提出了实时展示的高要求。

IT团队收到我们的业务诉求后,邀请公司技术专家一同加入,历时五个月,最终攻克了实时计算难题。在管理者大屏上,我们实现了全球资金的流转可视。

2018年1月13日,有颜值、有内涵的资金作战大屏闪亮登场!

目前,我们已经搭建了二十九个面向管理层的大屏、六个面向作业层的中屏,同时还搭建了移动端平台,有效支撑了管理层在非办公场所、移动等场景下的实时信息获取,支撑交易结算实时跟进业务处理状态、日清日结每日对账问题的监控及闭环。

数字化之旅,我仍在路上

蓦然回首,不知不觉,我已在资金数字化建设的道路上走了六年,从当初那个闹笑话的懵懂少女,一路成长为数字化变革的专家,非常幸运地参与并见证了资金系统从作业系统化、智能化,再到可视化的"乘风破浪"的建设历程。

在这里,我看到了资金业务的全景,清楚了解系统的整体架构。在系统方案设计上,我不断提出自己的专业意见,以达成更优的解决方案。

在这里,我学会了统筹协作,在多项目运作时组织阵型排布,实现资源合理分配;深刻认识到系统不是孤岛而是相互依赖的,识别系统集成及数据血缘,实现内外项目协同。

在这里,我开始思考如何更好地保证交付质量,通过规范化变革项目的管理动作,明确交付件,来实现"一次性做对"。

更重要的是,在这里,我结识了一群吵过架、熬过夜、哭过笑过的战友们,我们有着"数字化建设人"特有的心有灵犀和团结协作。

今天,国家正在加大数字化建设步伐,深入推进企业数字化转型,全面提升社会的数字化、智能化水平,人工智能、云计算、区块链等新兴技术仍在持续迭代创新,我们也将永不止步,持续"攀登珠穆朗玛峰",探索财经数字化一切新的可能。

"带着最初的激情,追寻着最初的梦想,感受着最初的体验,我们上路吧!"未来,我依然在路上,与华为财经数字化一起乘风破浪!

(文字编辑:程佳画)

在世界尽头淘金

戴静静

"……不如我们从头来过。"

我对阿根廷的最初印象,始于王家卫的电影《春光乍泄》。

镜头里,布宜诺斯艾利斯有着油彩般的质感,黑白、暖橙、冷绿、蓝黄、红黄……杂糅交织的色彩让这座城市镀上了一层浓郁而神秘的底色,光影之间风情摇曳,很有"菲林"感。

那时的我,便开始充满了无限的遐想和向往。作为中国的对跖点,阿根廷与我国位于地球的两端,经纬度相对,是距离中国最遥远的国家,也是"世界的尽头"。刘慈欣甚至在《地球大炮》里脑洞大开——"以地球理想的平均密度,从中国跳进地球隧道,穿过直径一万两千多公里的地球,坠落到阿根廷,只需要 42′12″。"

太有趣了,什么时候我才能到达这个世界尽头?

没想到进入华为后，我的心愿很快成为现实。

"寒流来袭"的阿根廷

2018年7月9日，飞越漫长的两万公里，在那个下着蒙蒙细雨的清晨，我从国内阳光明媚的夏天直接穿越到了南半球的冬天。

从机场到公司公寓的路上，伴随着车内轻快的西班牙歌曲，我摇下车窗，大片的草坪尽收眼底，空气中飘着丝丝青草香，像是刚刚修剪过的草坪散发出的清新味道。就在这一瞬间，我一下子就喜欢上了布宜诺斯艾利斯这个城市。

作为华为阿根廷代表处的销售融资经理，我的工作需要根据该国宏观经济情况，贴近客户融资需求，帮助我们的客户制定匹配业务规划的融资方案，同时促进代表处销售合同签单，改善回款、降低风险。

然而对这个国家的喜欢，并未减轻这份工作带给我的挑战和压力。尽管阿根廷极具魅力与风情，热情奔放的探戈舞舞出生命的张力，热血拼搏的足球巨星挥洒汗水追逐荣光，世界一流的阿根廷特色红酒、烤肉、马黛茶令人回味无穷……但是，阿根廷的经济却相当脆弱。据粗略统计，在过去的近一百年中，阿根廷有差不多1/3的年份是在经济危机和衰退中度过的，在全球范围内仅次于刚果（金）。

在我来之前的6月份，阿根廷比索大幅贬值，国际储备吃紧，政府紧急与IMF签署了570亿美元的救助协议。要在一个经济随时可能"崩溃"的国家做好融资工作，我的心情也如过山车一般七上八下，忐忑不已。从华为总部直接来到"炮火最为猛烈"的一线代表处，直面业务指标和当地客户，我的压力指数也肉眼可见地一路飙升。

怎么办？我安慰自己，也许危机之中也蕴含生机。这不，正好应了电影里的那句台词——"不如我们从头来过"。我就从头开始，找找机会吧！

寻找机会，我主动当起了"媒人"

在阿根廷经济风浪中摸索，很快，我看到了机会：客户需要钱，客户融资有困难！

这个客户就是阿根廷代表处的重要客户——T运营商。在阿根廷巨大经济波动下，客户在资本市场上发债困难，又即将面临近十亿美元债务的偿还高峰期，如果没有融资的及时支撑，那么客户后续的CAPEX（资本性支出）将会大幅缩减，这直接关系到我们后续是否还能继续合作新的项目。

2019年4月，做完短期融资之后，客户进一步向我们提出，希望能帮助他们寻找中长期融资的渠道。尽管已有心理准备，但当客户提出这个诉求的时候，我的第一反应依旧是难，太难了。此时金融市场的大门，要么基本已向阿根廷企业关闭，要么已经设置了高高的门槛，令人望而却步，要敲开哪一扇门才能找到钱呢？

我赶紧拉上总部和代表处的项目组核心成员一起开会商量。

"中资银行有没有戏？"大家不约而同想到这里。

但历史上，T客户其实已经与中资银行打过一些交道，也进行过多次融资尝试，由于客户当时并没有迫切的融资需求以及公司合并等原因，双方至今并未正式签约合作过。

客户跟中资银行没有过直接面对面的接触，彼此都不太了解，想让"男嘉宾"和"女嘉宾"顺利牵手成功怎么办？最好的方式就是直接让他们见面！

我们主动当起了"媒人"，开始策划和T运营商客户一起回中国进行路演，向金融机构进行演说并演示项目、产品，正式将客户推荐到金融机构面前，以吸引融资。

三天两城六场路演，屡遭"灭灯"

2019年5月底，我事无巨细地做好了一切路演前的准备，和代表处CFO一起，陪同T运营商正、副两位CFO踏上了回中国路演的行程，三天两城，六场商务交流，一家一家走访，整个行程安排得满满当当。

因为没有带客户的经验，我心里特别忐忑。直到出发前一刻，我还在心里一遍遍地演练各类流程：大到路演的材料、T客户的"360°"介绍、不同银行的特点和关注事项、银行看重的因素和条件、这中间可能会问到的问题；小到客户的衣食住行的每一处细节……这其中有很多个日日夜夜间数不清的往来协调、各方沟通与消化理解。

在飞往国内的航班上，疲惫的我终于安心，好好睡了一觉。

二十多个小时的航程,那是我觉得飞得最快的一次。

T运营商CFO是一位六十岁的老人,紧凑的行程再加上十一个小时的时差,对他来说是个不小的挑战。可当我们走访的时候,他却总能用最饱满的精神去宣讲、交流,不厌其烦地向一家又一家银行推荐、介绍自己的公司。

到了最后一场交流会,他宣讲完之后会议也接近了尾声,其他人还在继续交谈着,会议室里喁喁细语听不真切,昏昏沉沉的倦意霎时席卷而来。可能是终于如释重负放松了,我看到这位六十岁的老人已经陷进了椅子里,眼皮不受控制地耷拉下来。有那么几分钟,他静静地睡着了。

客户职业经理人的精神让我动容,前期对T运营商的分析以及这次路演近距离的接触,更让我坚信这是一个好客户。我在心里默默想着,我要尽自己最大的努力,帮助他们解决困难。

阿根廷的高风险让国内一些银行望而却步,纷纷"灭灯"。我们的心情也跟随着一盏一盏灯熄灭而越发沉重了。

就在我们觉得没有希望了的时候,C银行突然提了一句:"你们对人民币融资感兴趣吗?"要知道,在阿根廷一直是靠美元和欧元融资,在此之前整个市场上也几乎没有人民币融资的先例。如果要走这一步,意味着客户将是第一个"吃螃蟹"的人,要端对端地分析外汇管理政策、人民币利率、资金放款路径、购汇渠道和利率对冲……这其中有太多因素需要考虑了,客户一时间无法给出确切的回应。

但这总好过没有希望。路演结束后,我们回到了阿根廷。客户开始和我们一起认真探讨可行性。

漫漫风雨谈判路

11月,在各方力量的共同推动下,C银行为客户提供了融资方案和条款清单。

这是客户与C银行的第一次正式合作,"磨合期"的种种不适应,使得接下来的整个过程无比曲折艰难。正好C银行高层即将出访拉丁美洲三国,趁着这个千载难逢的机会,我们一鼓作气,紧赶慢赶,终于使双方达成了一致。

当天晚上12点多,我回到公寓,这才发现自己忘了带钥匙。我坐在家门口的楼梯上,打开电脑,靠着蹭家里的Wi-Fi网络,终于将融资条款清单的最终定稿邮件顺利发送了出去。

但前方漫漫贷款协议的谈判之路还在等着我,没来得及喘口气,我又投入到了新的谈判进程中。时间一晃进入到2020年,在没有融资情况下,因为资金紧张,客户削减了CAPEX投资,已陆续暂停了华为大部分订单,代表处的经营全部都押在了融资上。阿根廷那时属于高风险国家,银行必然要考虑国家有关风险条款,但部分条款客户始终不能接受。双方反复谈了几轮,一直没有太大进展,进度停滞不前。

作为当地的融资经理,我知道自己必须得想办法当好银行与客户之间沟通的这座桥梁,当务之急是尽快缩小谈判双方的分歧。

我们带上了解决重要分歧条款的方案,准备试着找客户当面谈一谈。

不破楼兰誓不还

此时的阿根廷已经入秋，梧桐树的叶子有些在萧瑟的秋风中摇摇欲坠，有些已经三三两两地落在潮湿的地面上。我和系统部部长在门外默默等待了一个小时，希望可以跟客户CFO聊上几句。

在车上待了太久，我们的腿脚开始有点麻了，肚子也开始咕咕抗议了。此时已过了晚餐的饭点，我们打算下车随便找点吃的，先填饱肚子再说。结果没想到觅食未果，我们反而被外面透着寒意的秋风吹得瑟瑟发抖。刚走到转角，墙内一条大狗突然朝我们奔来，一阵狂吠不止，把我们吓了老大一跳，一下子连饥饿都忘到了脑后。

等到晚上9点，客户最终还是没同意见我们，我们只好打道回府。在回家的路上，我们不死心，继续跟客户发消息表达华为对融资的重视、表明银行的立场，等等。

车马上就到我家了，没想到这时，客户竟突然同意见我们了！我实在是太开心了，车立即掉头飞驶到客户那里。

见面后，客户CFO说了一句话，一瞬间令我鼻头发酸。"在阿根廷做融资，从来都不是容易的，但我深信这次融资一定会成功，因为华为坚韧的精神，因为'Finally, it is people who make deals.'"（"最终，一切事在人为。"）

后来，每当融资遇到困难的时候，我就会想到这句话，心里瞬间又鼓足了勇气和决心。

一开始，双方在最主要的贷款协议上的分歧点多达一百三十多个，协议被改得面目全非。为了能找到每个分歧点的解决方案，我找来APLMA（亚太贷款市场协会）标准协议，整理了手头上银行近期操作过的华为项目的贷款协议，再加上客户与其他银行现有的四五份贷款协议，将一千多页的文件整整齐齐地堆在桌上，我全部都仔仔细细"啃"了一遍。

我列出了各份参考协议的相关约定，试图给出自己的建议。在长长的 Excel 表格中，每当发现一个分歧点在银行或客户的其他贷款协议中有过先例时，我瞬间眼前一亮，捡到宝了！我赶紧记录下来，然后做出分析。

阿根廷与国内有 11 个小时时差，无数个深夜，我跟国内开完会、整理完意见后，第二天早上又重新"满血复活"，继续跟客户和律师开会沟通。谈判关键时刻，我多次跟客户当面澄清、解释银行的想法，听听客户的意见，提出各种可能的双方折中的最优方案。

终于，2020 年 6 月 11 日，双方再次召开会议谈判。在代表处的大会议室里，这一次，贷款协议主要分歧点全部达成了一致。

会议结束的那一刻，我情不自禁地鼓起了掌，大家被我带动也一起鼓起掌来，一时间屋内掌声雷动，令人激动不已。

千淘万漉虽辛苦，吹尽狂沙始到金

历时大半年的"拉锯战"终于即将走到终点，峰回路转之后的良辰美景似乎就在前方，然而没想到，生活仍然让我再次坐了一把刺激的"过山车"，不由分说地攫住我的心脏，起起落落、悲喜交加。

不破楼兰誓不还

喜的是，6月底，谈判成功结束后没多久，客户就跟我们签了一个大单，这些日子我和团队大伙儿的辛苦努力不仅没有白费，还苦尽甘来地尝到了第一口果实的甜美。

悲的是，8月，阿根廷政府宣布严格的外汇管制政策和电信行业政策，让项目再次陷入困境。国内银行担心阿根廷的国家风险和行业政策可能会对客户未来经营造成很大的不确定性。贷款协议签约近在咫尺，又远在天涯。

对我而言，那是最为黑暗绝望的两周，无法改变宏观环境的无力感，辛苦一年多的项目看起来马上就付之东流的挫败感，对未来几乎丧失信心的沮丧感……一度令我辗转反侧，我情绪低落。

消沉了几天后，我重新振作了起来，理智不停地告诉我，这事必须得干，没有条件就创造条件干，你看，客户还在等着我们呢，"Finally, it is people who make deals."（"最终，一切事在人为。"）

我找到项目组成员开会分析，这一次我们碰撞出了一个大胆的想法——引入保险公司，搭建新的融资结构！

我们都知道这个决定意味着什么。

这意味着马上定稿的融资协议内容要再次修改，意味着商务合同的结构要重新调整，意味着保险公司的投保也将会是一项大工程……前期熬的无数个看不见光亮的日日夜夜，又将重新席卷而来。

不破不立，我们认真做了决定，开弓发弦，我们有这个勇气。在前期充分沟通的基础上，这个想法很快得到了银行、客户和保险公司的认可。大方向确定后，经过四个月的重新构建，贷款协议终于在 2020 年 12 月成功签署，一锤定音！

签署协议的当天，我特意穿了件红色衬衣，用最"中国式"的仪式感，为这来之不易的胜利增添一份喜气。

又历经大半年，保险公司承保工作正式关闭。至此，T 运营商的融资正式落地。回首这两年半的时光，项目组成员在变、客户在变、银行人员在变，而我很庆幸全程参与了整个过程，让我学习知识的同时也收获了成长，这是一笔"金不换"的人生宝贵财富。

在融资谈判最困难的时候，代表处领导送了我一句"山重水复疑无路，柳暗花明又一村"；在贷款协议谈判的攻坚时刻，领导又送了我一句"千淘万漉虽辛苦，吹尽狂沙始到金"。融资是一个团队作业，融资经理只是承上启下的一环，在项目需要"高举高打"的时刻，是总部和代表处领导起到了关键的助力作用；在协议谈判陷入胶着时，是银行系统部及总部专家不断寻找解决问题的方案；在融资需要商务配合时，业务系统部又勇于承接并保质保量地完成……是我们"力出一孔、利出一孔"的团队精神，让项目顺利迈过了一个又一个坎儿，最终马到成功！

"准备去哪儿？"

"慢慢走，去一个叫乌斯怀亚的地方。"

"冷冷的，去干吗？"

"听说那边是世界尽头，所以想去看一看嘛。你去过没

不破楼兰誓不还

有？"

"听说那儿有个灯塔，失恋的人都喜欢去，说把不开心的东西留下。"

电影里，主人公的故事似乎满是怅惘。而现实中的我，却怀着满心欢喜终于有机会来到真正的"世界的尽头"——阿根廷的乌斯怀亚，人类居住的最南端的城市。只要出了港口一千海里之外，便是烟波浩渺、茫茫无际的冰河南极洲。

在世界尽头的邮局，我郑重地寄出了明信片。跨越大半个地球，我遇见了最勇敢的自己。

在阿根廷的日子，我愿将所有的快乐和开心留下，青春处处流芳华，收拾好行囊，扬帆再出发！

（文字编辑：程佳画）

规则的"温度计"

田 丽

"我从 I 国休假飞回湖北,但是回不去了,退票费能报销吗?"

"我回到 I 国后,被政府要求去 D 城市统一隔离,改签费用能报销吗?"

"从 I 国回来,正在深圳酒店隔离,住宿费用能不能报销?"

2020 年 1 月 29 日,农历大年初五,下午 1 点多,我收到了 I 国代表处的一封紧急求助邮件,汇总了员工们遇到的各种问题。

因为新冠疫情突然暴发,不少海外中方员工都出现了回国探亲取消、被迫滞留或出入境时被隔离等情况,涉及各种费用报销问题。这些问题都是全新的场景,AP(应付账款)热线无法按照既有流程和历史案例回复员工们怎么做,于是问题不断地升级到我这里。

负责费用制度的这些年，我遇到的问题数不胜数，每一个问题都与员工息息相关，而且多数情况都非常紧急，为此我一直保持着 24 小时开机的习惯，也成了一名名副其实的"热线"。

我一边核实各种场景细节，一边快速寻求解决方案。电话一个接一个，WeLink 上消息不断弹出来，我能理解他们的焦急心情。事不宜迟，我立即联系各制度行管部门相关人召开电话会议，用最快的速度对问题进行分类，然后找到可适配的费用制度规则，形成针对具体场景的解决方案，并附上其他近期相关的典型咨询案例，供代表处参考。我随即又继续完善整体的费用管理 FAQ（常见问题解答），使疫情期间员工回国、海外入境隔离等场景遇到的报销问题更快得到解答。

我忙完还是不太放心，不知道问题是否处理好，还有没有别的问题，只好一直守着手机，等待着邮件的答复。窗外冷风呼啸而过，我却焦急得犹在酷暑。

I 国代表处的情况，可能只是海外同事们遇到的问题的一个缩影，可能会有更多的员工被回家、返岗等相关问题困扰，我们都要赶紧行动，做出相应匹配的解决方案……

制定清晰的规则"刻度"，提供有"温度"的服务，做规则的"温度计"，这就是我的小目标。

500 份制度文件，从混乱到有序

现在的我，可以在复杂多样的场景之中，快速找寻到可溯源的费用制度规则依据,是因为我曾整理了公司全球上百个代表处的个性化费用制度文件。

时间倒回到 2014 年初,那时的我刚从质量与运营管理部来到费用管理部。我接到的第一个任务,就是要在两周内梳理出全球正在执行的五百多份个性化费用制度文件,并建设公司有序的批准合法的管理规则。

华为的代表处遍布全球各个国家和地区,当时每个代表处都会根据当地各自的情况,发布关于差旅费、内部会议费和内部培训费等相关的个性化费用制度。

比如 A 代表处规定超期两个月报销就扣 5%,B 代表处规定超期六个月不允许报销,C 代表处规定超期九个月不允许报销;A 代表处规定无发票报销需要 CFO 审批,B 代表处规定无发票报销需要 CFO、代表两层审批……

过多的个性化费用制度不但增加了管理成本,在执行中还产生了许多争议,累积的五百多份文件已经让我们头疼,如果再不进行管理,很可能像滚雪球一样变成六百份、七百份……所以建立清晰的管理规则刻不容缓。

但五百多份文件也不是一朝一夕积攒下来的,涉及各类业务要求,两周时间即使全部看完都很紧张,更何况还要从制度层面建立规范,我该从何处下手呢?

我看着电脑里一眼望不到头的文件夹,毫无头绪,急得眼泪都出来了。可是,这个时候哭解决不了任何问题,况且我已经不是新员工了,"短时间内充分了解正在执行的个性化费用制度",不也正是我工作的重要内容吗?

不破楼兰誓不还

我擦干泪水，沉下心来，以地区部、代表处的维度开始整理文件。区域基于法律遵从或本地管理需求，在执行的个性化费用制度约五百份，要把每份文件的要点整理出来形成一张全景图。

为什么要个性化设置，公司规定是什么，审批层级是什么，是否有相关有效期，是否有管理的责任部门，是否需要系统控制……带着这些问题，我开始逐一去阅读、整理和记录。因为这五百多份提交上来的文件并不是统一格式的文档，有的是DOC（文档），有的是PDF，还有的是图片，想要"Ctrl＋F"一键检索出来是不可能的，只能挨个儿细看。

做好这张全景图后，再进一步分析哪些是必须存续的个性化费用制度，如涉及地方法律遵从类的，哪些应该纳入公司统一的规则中……就这样，一条一条制度仿佛在我眼前交织、打碎、重组，慢慢在脑海中形成全球各代表处个性化费用制度的"世界地图"和建设方向。

基于具体场景的总结，在团队的共同努力之下，我们对个性化费用制度审批备案的边界给出建议，在公司内部进行了报告。这次报告，我们明确了个性化费用制度管理的原则和方向。基于公司要求，我们进一步对全球的个性化费用制度进行清理并落实规范化要求。比如在"超期报销"问题上，A、B、C三个代表处针对超期期限和加扣的规则都不同，会造成不必要的管理成本，而制度的立法本意是规范员工的报销行为，及时报销，就应进行统一简化管理，由此会减少费用制度执行中的问题和争议，降低大家在费用制度执行中的消耗。

从五百多份文件的详读和梳理，到个性化费用制度管理建立清晰的规范要求和边界；从无从下手，到顺利报告、形成决议，这个过程让我对每一条费用制度规则都有了更深刻的理解，为我日后多次更新和建设费用制度规则打下坚实的基础，也让我重新认识了自己工作的意义。作为建立规则的人，我们必须要清楚一线的需求，也要理解规则的设计意图，才能让规则更好地为业务服务。

1957个城市的"旅行"攻略

如果要问我海外哪个城市酒店贵不贵，环境怎么样，出差就餐补助水平，我能够像"旅行家"一样如数家珍，因为我曾做过全球1957个城市酒店住宿的调查。

2015年，心声社区（华为内部论坛）上有出差非洲的员工反映当地的酒店住宿条件差，卫生和安全情况令人担忧。此事引起了公司层面对员工出差住宿问题的重视。公司指定我们部门联合后勤服务部审视员工出差全球的住宿标准。全球的酒店等级各异，价格也是千差万别。酒店价格要怎么统计，没有系统数据的记录，着手点在哪里，并没有历史经验可以借鉴。

"靠到处问别人去推断什么酒店合适，不如自己挨个去查！"

我从SSE系统中导出了公司出差业务所涉及的所有城市——1957个！工作量大，时间紧，领导协调了部门一些人来支撑我们这次酒店价格的调研。

不破楼兰誓不还

我们拿到手里的信息只是所有出差城市的名称，接下来才是重点——挨个去看各城市的酒店情况。大家拿着城市名，在两周内上网查阅了1957个城市的酒店住宿费用、评价情况和当地环境等多方面的资料，了解每个城市有多少个三星、四星和五星级酒店，住宿价格最高、最低分别是多少。

看酒店的情况还要结合当地具体的环境，不能单纯看星级就做出标准判断。每一家酒店，我都是像给自己做旅行攻略、订出游酒店一样，点开"买家秀"的图片看看是否干净整洁、安全有保证、硬件设施较齐全、服务水平较好，达到这些要求才是适合我们员工住的酒店，也才能作为我们定标准的参考要素。

在了解了各城市酒店大致的住宿情况后，我拿着原有的酒店住宿标准表去比对，如果之前的费用标准不能保证员工住到三星以上，我们就做出标记，然后再了解当地实际情况。国内的大部分酒店我们可以咨询慧通公司和后勤部门的同事，而国外的酒店我们就必须要给当地代表处的员工打电话进行调研。

考虑实际入住酒店价格受区域办公位置和当地酒店资源情况等影响，与网上平台提供的数据可能会有出入，不同地区的酒店要求也不一样，有疑问时我就和代表处打电话逐个确认，甄别出一些和原有标准有差异的地区。

基于翔实的一线调研，我们刷新了全球的酒店住宿标准，并选择了一家咨询公司持续提供酒店价格的数据报告，明确了以后酒店标准刷新的机制和年度内调整的审批路径。

同年，我们还刷新了全球出差就餐补助标准。出差就餐补助标准自 2007 年发布，到 2015 年一直未进行过全面审视。随着各国货币汇率以及生活成本的变动，原有的出差就餐补助标准已经与各个国家／地区实际就餐消费成本出现较大偏差。我们经过充分调研，并参考业界实践经验，提出了出差就餐补助标准优化方案，向公司汇报出差就餐补助标准制定的原则和方法。基于公司决策，对全球的出差就餐补助标准进行审视刷新，并建立年度刷新机制，每一年都会根据实际就餐成本变动情况进行刷新，保证员工出差就餐质量。

回顾我做过的费用制度工作，也许我未曾见过全球各地各代表处的风景，未曾吃过各地的特色小吃，但我可以自豪地说，员工们"吃住行"的情况就像旅行地图攻略一样，收录在我调研过的工作表格之中，刻印在我的脑海之中，记挂在我心里。

暴风雨中的最后一道防线

2021 年 7 月 20 日下午 5 点多，我突然接到一个来自郑州代表处的电话，郑州出现"千年难遇"的大暴雨，气象局连续发布三次暴雨红色预警，地铁灌水，交通几乎完全瘫痪，住得远的员工回不了家。代表处咨询我能不能把员工安排到代表处附近的酒店入住，这样既能保证员工的安全，也不影响后续的工作。

"酒店的住宿费要怎么处理？"业务人员焦急地问。

我在脑海中迅速搜索特殊场景可适配的规则，在电话里立即给出两种应对方案：第一种是采用员工因业务需要在常驻地住宿酒店的审批和报销方案,让员工先入住酒店,之后再进行报销;第二种是如果代表处有协议酒店,可以让员工集体入住后,走宿舍采购的对公支付方案。

简短考虑之后,代表处选择了第一种方案,用最快速度安排员工入住酒店。

我听到代表处员工被妥善安置后,松了一口气。

我们的费用制度规则已经覆盖到员工可能遇到的绝大多数场景,但遇到新的场景如何快速、敏捷地进行规则适配,确保业务的有效运作,我们作为相应费用制度的解释部门,是最后一道防线:要在员工遇到特殊情况时,将场景和规则进行快速匹配、筛选和解读,帮助业务部门在紧急的例外业务场景中找到符合公司要求的执行方案。

一次次突发事件的挑战让费用制度的执行方案变得更加完善,也让我明白了"急员工之所急"的真正含义。任总在企业业务机关变革大会上要求:"政策规则灵活机动又要不失原则……我们要把复杂留给自己消化,给一线要输出简单明了、及时、准确的服务。"这段话也适用于费用制度工作,合理的制度应该切实为业务保驾护航,在员工遇到紧急情况时,用适配的专业方案给他们提供最坚实的保障。

在问题中优化规则

随着在一次次实践工作中刷新和构建费用制度,我对于相应业务场景有了系统、全面的认知,但是却始终对规则的制订抱有敬畏之心。遇到特殊问题时，我总是会多问自己几句："这个场景真的是个案吗？我们的规则是否还有需要完善和优化的地方呢？员工在看到费用制度文件后会懂、会产生哪些疑问？"

一两个极特殊的场景可能是例外，但也许会有更多员工在未来都可能遇到这种例外，那就不是例外了，制度刷新时就应该考虑是否需要形成这类场景，并在制度规则中加以明确。

罗马不是一天建成的。费用制度也不是靠拍脑门想出来的，一些在别人看来微乎其微的事情也可能是我们费用制度优化的动因。比如，2018年我们收到一线员工反馈，费用报销在主管/财务权签人审批环节经常发生拖延的情况，短则数日，长则数月，影响费用及时报销；此外"机票改签""签证加急"所涉及的费用变动均需重新审批，且审批流程长，执行效率低。

针对审批环节耗时长的问题，我们全面审视了员工费用报销系统中主管和财务权签人审批时间周期的数据，有的当天就可获取审批，还有的到一两个月后才能获取审批。针对机票改签、签证加急场景，我们对涉及此类业务的数据也进行了全面分析，并努力找到解决方案。

经过多轮讨论和公司的评审决策，我们最终通过规则明确："对于员工报销业务主管和财务权签人的审批时间应有约束，超一周未处理审批由SSE系统自动发起提醒，超两周则升级至上一级主管或权签人进行审批，上述流程只升级一次，最后上升到一层组织主管和一级财务权签人。"同时，关于机票改签和签证加急问题，我们采用了"费用变动金额小于、等于300美元时，无须二次审批"的解决方案，明确审批环节的管理要求，更好地支撑业务作战。

重视每一个问题场景，重视每一个反馈背后的真正需求，我们才能让规则不断得到优化。

有刻度，有温度

随着每年费用制度的刷新、完善，我对费用制度工作的理解也更加深入。以前对业务场景的认识都是单点的，遇到一个问题解决一个问题，此时的我逐渐对问题有了清晰的归类解决思维。

为了更好地确保业务有序运作，我们全面优化了员工对于费用制度的咨询渠道，并建立了"知识卡片"，方便查询和使用。员工在公司 W3 平台页面上直接点击"费用制度"，就可以进入财经知识平台 Eureka（华为财经知识共享和交流互动平台）的卡片，在这里可以一键点击查询各领域的费用制度文件；针对日常业务中遇到的大部分通用问题，我们根据费用制度规则通过 AP 热线智能机器人发布 FAQ 给出解决方案；同时针对复杂业务场景遇到的执行问题，我们有专人进行费用制度的适配解读，并给出相应解决方案。

不知不觉，我做费用制度的工作已经九年了，我时常把自己的工作比喻成"温度计"：有刻度，也有温度——刻度，清晰明了；温度，急员工之所急。这需要两个层面上的努力，一方面，费用制度规则清晰、可靠，当执行违规时，我们会坚决予以纠正和处理；另一方面，让员工感受到暖暖的守护，每当员工遇到特殊情况或孤立无援时,我们要设身处地感受他们的冷暖,在公司的制度范围内更好地帮助大家解决在业务中碰到的实际问题。

这些年来,看着费用制度越来越清晰、易用,大家的满意度越来越高,而我在其中也有一点小小的贡献,我觉得幸福而满足。

(文字编辑:魏鸿昌)

不破楼兰誓不还

一个 CFO 的南征北战

陆 曼

你见过东非动物大迁徙吗？上百万头野生斑马、角马和瞪羚，在无际的非洲大草原上前行，从坦桑尼亚的塞伦盖蒂，到肯尼亚的马赛马拉，三千多公里的路程上途经的每一处，都是一个新的战场。天河之渡，湍流中的尼罗鳄张开了血盆大口；簇簇草丛后，露出守候多时的豹子们的一双双棕褐色锋锐的眼睛。迁徙也意味着新生，每小时都会有五百多头角马出生，为迁徙的队伍输入源源不断的新鲜血液。而迁徙到新的地方，这些食草动物们才有新的野草可食。

十一年外派，南征北战，常驻六个国家，横跨三个大洲。数次迁徙后，我的足迹不知不觉已在世界地图上画下一个大大的三角形。

有同事问："是不是很少有人像你一样，经历这么多区域，带领不同的财经团队作战？"我笑着回答道："也许是吧，每一个新的地方，对我来说都是新的战场，也是新的成长。"

穿着皮鞋"跑步"上岗

华为是我步入社会的第一站。刚进公司的头一年在中国地区部工作，每次和海外地区部的同事们一起开远程会议，坐在会议室里，我都能听到一声声"拉（丁）美（洲）上线""欧洲上线"，觉得特别新奇。晦暗模糊的远方在我心里似乎渐渐被点亮，我要去见识更大的世界这一想法，在我心里蹿出了火苗。

决定外派去中东的时候，整个中东对于我来说都只是一个存在于新闻上的地方，人文和业务都非常神秘。小青年第一次冒险与探索的迁徙旅程懵懂成行，只不过当时并没想到，这一冒险，就是十几年。

迎头赶上 4G 热潮，2011 年沙特阿拉伯的业务发展就像当地的天气一样火热。以前看电视，提起沙特阿拉伯，我就会想起"土豪"。可谁知真正到了这儿才知道，此土豪非我们想象中的土豪。那时候，我们都戏称沙特阿拉伯是"奋斗者的天堂，享受者的地狱"。当年的沙特阿拉伯娱乐设施很少，没有电影院，工作外的生活比较单调。

作为 PFC，客户回款是我当时的重要工作之一。交接不到两周，我的前任就匆匆离岗，而我也被迫跑步上岗，接下这一"烫手山芋"。当时系统部一年订货金额大概有五亿美元，一年回款涉及上万张发票，这还不包括其他支撑文档，而且发票审批部门涉及客户的实施部、发票科和财务部等22个关键审批点。由于客户流程复杂，效率较低，我们只好抱着一堆发票去各个部门找人审批。

记得某客户的工作园区特别大，各个部门分布在不同的办公楼。考虑到客户没有午休习惯，这期间办事效率相对较高，我们咬咬牙，冒着40℃以上的干热天气，在偌大的园区里跑来跑去。一段时间下来，皮鞋都被磨破了好几双。不仅如此，在大堂、电梯、走廊和车窗边等，只要能争取到客户几分钟时间，我们都不放过机会。凭着这种较真儿的劲头，问题慢慢得到解决，系统部的回款效率最终提升了近50%。

由于在回款和保函等方面有效支撑了系统部目标的达成和运作，2014年，我获得了第一个"金牌个人"，两年之后被调往科威特，担任代表处CFO。

2017年底，我又从中东被调往非洲L国——那是一片不曾踏足的神秘土地，是等着我去历练的新战场。

来之不易的免税函

在L国，我们在税务上打了多场硬仗，其中风险最高、影响最大的是双优项目关联交易免税函的获取。

这个项目架构特殊，华为总部与L国政府签署双优项目，但服务分包给华为的L国子公司，这两者之间的关联交易过去多年一直没有免税函。按照该国税务法要求，只有获取了该国税务局正式发布的免税函才可以不缴纳增值税；如此测算，涉及历史项目和当前项目共计千万美元增值税，且不可抵扣。在集成税务遵从验收汇报中，总部明确要求一线尽快获取该关联交易免税函，降低风险敞口。所以，拿下"双优"项目关联交易免税函，是我们必须打的一仗。

但是，当时的条件可谓天时、地利、人和一个不占。那段时间，L国税务环境趋严，政府在财政赤字增加和外债到期的压力下，对企业加大税审力度，对免税函发放审查尤为严格。

由于该国税务局人员更替，我们找人谈这个事也不知道该找谁。前几次去税务局，我望着眼前这幢几十层高的大楼直发愣，最终只能硬着头皮去敲门摸路，试着找人。甚至有一次，我们在楼里等税务局的人等到很晚，下楼找出口找了很久，发现我们被关在了楼内，被安保人员盘问了半天才放行。就这样磕磕绊绊了一段时间，我们才摸索到关键人物Ken。

税务局政策司主管Ken有二十多年的从业经验，行事谨慎，经常外出参会。我去拜访了好几次，总吃闭门羹，好不容易在其办公室逮住他，他却也"不愿听、不愿见"，直接把我们当空气，兀自低头办公。对方完全不理会，任我们有万般道理也无从下手了。遇到这种情况，咱也只能一个字——"熬"。我缩在Ken办公室角落里的冷板凳上苦等。刚开始，偌大的办公室，来往的工作人员还不时诧异地瞟我几眼。渐渐的，来人都习惯了我的存在，偶尔和我对视，还会笑笑，打个招呼。

就这样，冷板凳坐了一两个月，Ken终于愿意和我喝咖啡，还是随机时间的那种。我经常冷不丁地接到Ken的电话："我现在在XX咖啡馆，可以在这里见一面。"不管在干嘛，我都会火速冲出门，打上车，恨不得立马飞到他身边。可是L国首都的交通常常被堵得水泄不通，把我急出满头汗。有时在的士上实在干等不下去，我甩下几张钞票跳下车，抬腿跨上个摩的，上演《速度与激情》：西装笔挺、满头大汗的我，坐在摩的后座，见缝插针地疾驰在滚滚车流中，还总探出脑袋按捺不住地催促："诶，师傅，能再开快点儿吗？"就算这样，每次赶到，Ken总来一句"You are late now"（"你已经迟到了"）。

慢慢熟悉起来后，Ken终于开始和我进行专业分析了。出乎意料，Ken竟对华为在L国分包、关联交易的业务模式非常了解。在咖啡厅聊着聊着，他情不自禁掏出一张餐巾纸，三两下把华为在该国的业务模式画得一清二楚。突然，他指着图皱起眉头，直勾勾盯着我，犀利发问："这为什么能免税，你们是不是在滥用免税函？"

我当时才知道，当地的VAT制度就是他们这帮人当年一手建立的。虽然VAT制度建立的时候，我才刚出生，但我也不甘示弱，拿过笔，沉住气，在纸上接着画，一笔一笔，与他抗辩。

实质上，税法对于政府类贷款项目的具体规定有些模糊，我抓住关键要点，直言："双优项目在经过财政部批准的政府免税项目中，专门用于该项目的应税服务和货物是可以免税的。而且税法本身并没有对免税主体、金额、层级做出限制。"我看着Ken的眼睛侃侃而谈，而Ken神色不变。

紧接着，他挥出直击要害的第二刀："已经给交易链条中的一环免税了，怎么可能给所有链条都免税？"

针对这个问题，我的大脑飞速运转。我明白，Ken实质上是在质疑华为公司的双优项目架构模式。我必须要在根子上打消他的顾虑，阐明双优项目的本质，并且换位思考。我说："双优项目是一类优惠类项目，其特点和业务模式要求都是按照政府要求来执行的，并且站在税务局角度，我们当前并未对税务局税收收入造成任何影响。"Ken看着我，皱起的眉头稍微有些放松。

"免税的额度不能超过合同金额！"Ken第三次发力。

面对眼前咄咄逼人的诘问，我深吸一口气，知道这将深深影响一直以来我们努力的结果。我向 Ken 表示："华为 L 国一定是有足够额度获取免税函的。税务局以形式发票金额计算免税额度的方法并不合理，实际上我们是不会超过额度的，这个我们都有明细数据，可以提供给你。"

听完我的话，Ken 的心理防线终于一步步被突破，他看着我点了点头。

一来一往，最终打动他的，还是两个字——"专业"。后来我还把那张餐巾纸带回了办公室，当作我们之间建立信任的信物。

接着，我们和税务顾问一道，认真研读当地税法，确保我们的每一个措辞都经得起挑战。我还组织了两次三方会议专项讨论，税务顾问也出具书面信函，详细讲解为什么该场景应该免税。最后，Ken 不仅点了头，其他人也认可了我们的专业意见。

四个月后，我们获取了华为总部分包环节的免税函，成功为公司省下数千万美元的增值税。华为在统签分包模式下成功申请到关联交易免税函，这在 L 国市场尚属首例。

在英国实现"小而美"

2020年9月,就在几乎要步入生活的舒适区时,我接到了主管的电话。他告诉我,英国目前的经营面临不小的挑战,业务会收缩,需要一个经验丰富的CFO,问我个人的意愿。我知道,受外部的限制,华为在英国的业务受到很大影响,业务形态也发生根本性改变。我愿意接受这样的新环境和新挑战,"做难事,必有所得",于是2021年初我欣然前往。

很快,挑战就来了。因为业务收缩,英国财经团队成员已从巅峰时期的三十多人下降到我接手时的十一个人,2021年底还需要下调到七个人。我还在国内办理英国签证的时候,外派员工M突然电话我:"我想尽快申请回流,在海外已经好几年了,想回国发展。"我接到这个电话,感到很愕然,随即仅有的另外一个外派员工也给我电话,也要申请回流。我突然想到如果其他本地员工也都是一样的想法的话,这团队可能马上要坍塌了。

我火急火燎地向地区部及周边同事了解了一圈,基本摸清楚了情况。除了员工提到的一些显性原因外,我发现,面临市场环境的剧变,员工们对于自己开展工作很难找到有价值的突破点。

甚至在AT改组会上,有员工直接问我:"作为CFO,你怎么看待我们未来在英国的经营?"

"未来我们要贯彻落实公司的战略,小而美。美是我们每一个人发挥主观能动性就可以做到的,也是对我们仍坚守的同事提出的新的要求。保证合理的利润，活下去，这就是我们团队当前的任务……"在安静的会议室，我将对团队未来开展工作的思考和对员工个人工作价值与突破点的建议和盘托出，坚定员工的信心。

接下来，我和每一个同事都进行了坦诚的交流，倾听大家的心声，同时琢磨每一个人的特点，努力让每个人都有机会发光。我们围绕学、战、思构建起可持续作战的能力，让每一个人都有清晰的战场和清晰的贡献，也有清晰的成长规划。我们举办读书写作分享会，咖啡馆里总能传来一阵阵的掌声和欢笑；我们组织不同主题的团建，照顾到大家的体验……来了四个月后，有名员工给我发了个信息："要是早一点认识你，我会成长得更好。"我想，这是对我作为主管的高度认可。

在之后的工作中，我们确定了关键战场，沿着风险管理的主线把经营和税务遵从工作串联起来，逐步形成有英国特色的风控管理实践——"一主两辅"："一主"就是风险管理主线，"两辅"就是经营和合规。

在英国"一主两辅"的风控实践中，我们建立"八爪鱼"式的环境及业务变化感知网络，通过神经末梢触摸和感知环境，"春江水暖鸭先知"。比如，我们第一时间就了解到有建筑工程类税改政策，马上组织规则解读和影响分析，同步卷入采购，组织和六家相关分包商进行沟通，并确认IT方案和系统配置。这一整套组合拳快、准、狠打下来，迅速解决了问题，一年贡献数百万美元税务现金流。2021年，我们共规划三十项调研课题，覆盖疫情下的经济、地缘政治下的网络安全、脱欧后的一系列变化等，给业务决策和判断提供了有力支撑。

在大家的共同努力下，2021年，英国代表处经营达成了预期，真正做到了"小而美"。在年度市场大会颁奖典礼上，看到代表处获得公司2021年的经营贡献奖时，我们不禁跳起来欢呼，一切来得太不容易了！而我也有幸第二次获得了金牌员工的荣誉。

时光流转，感慨万分。在艰难的环境下，唯有做最柔韧敏捷的那只羚羊，我们才可能跳出重围。

后 记

外派十一年，三个大洲，六个国家……黄昏时走在街头，抬眼看万家灯火，我会格外想念遥远时空之外的家。这十年的春节，我都没能回老家团聚。2021年春节前原本好不容易回了国，在深圳处理完工作，准备回家时，却又因突发的疫情而被留在原地。除夕夜，仍然还是只能在视频里看到年迈的父母，心中充满愧疚和遗憾。

但是，这十一年来，我也有更多的收获。从神秘的中东，到艰苦的非洲，再到别样的欧洲，不一样的环境，不一样的经历，不一样的成长，不变的是自己那颗好奇向上的心。作为多年带领团队的一线主管，我更感受到主管的责任，带好队伍，事成人爽，是我们的使命和责任。当我看到团队成员有更好发展的时候，当我看到L国和英国的四位同事都陆续成为CFO的时候，我不禁为他们鼓掌。聚是一团火，散是满天星，大家从同一片热土吸取养分,再奔赴各自的迁徙之途,战斗在全球不同的战场。

2022年,我继续前行,来到德国代表处。这里的环境更复杂,业务更具挑战性。刚来的前半年,对我来说又是忙碌充实的半年、学习成长的半年,就像东非动物大迁徙,幸存者历经重重险境到达马赛马拉大草原后,很快又要再次启程。生命不息,征途不止,我的征途也在前方!

(文字编辑:陈慧琦)

不破楼兰誓不还

税务赛道上的"机械师"

Walter Alex Pinna

2007年,我在意大利米兰的一家电信公司做财务总监。一天,我收到一家中国公司的面试邀请。当时,我只听说这是一家正在欧洲积极拓展市场的通信设备制造商,要招募优秀的财经人员,其他一无所知。出于好奇,我按地址找到了这家名叫"Huawei"的公司。

通过所有面试,我拿到了华为的offer,岗位是会计。朋友们纷纷劝我三思而行:"Alex,你是意大利名校MBA毕业生,现任财务总监,位高权重,稳定安逸。干吗要去一家完全陌生、前途不明的公司做会计?"

到底去不去?我内心也有几分纠结。

我冷静地审视自己的职业规划。在原来的公司,我虽位居高位,但业务单一,接触的只是简单的财务场景,每天在"流水线"上按部就班,视野有限,缺乏挑战。而华为是一家国际化企业,涵盖系统化、全球化的财务视角,场景丰富多变。虽然华为在意大利的业务刚刚起步,但机遇和挑战并存,我将有可能成为先驱者,与它一起成长——这样的机会很难得。

此时,我似乎听到内心深处的答案:"你还年轻,为什么不试试?如果你不想过简单的人生,就勇敢地抓住这个机会吧!"

于是,2007 年 7 月 16 日这一天,一个值得铭记的日子,我正式开始了我的华为之旅。

第一杯咖啡,让我爱上这里

第一天上班,我刚走进办公室,就吃了一惊:这还是几周前我来面试时的那个办公室吗?短短几周而已,怎么像变魔术一样,它突然变大了。

面试那天,我记得办公室只占整个楼层的一小半,此时已经扩大到整个楼层的四分之三!而且,直觉告诉我,它可能还有继续拓展的趋势。后来也的确如此,几个月后,整个楼层都成了华为的办公区。又过了不久,办公区再次延伸,进入旁边的另一栋写字楼,那里成为后来的华为米兰研究所。再往后,搬家就成了家常便饭,不断挪腾空间,容纳加入的新成员。这一切表明,华为在意大利发展得有多迅猛!

报到后,我的导师兼主管带着财务部同事热情地欢迎我。这个小团队只有五个人,但要支持华为在意大利所有的财务相关工作。导师是位经验丰富的总会计师,我给她打下手,边干边学。她说，我们团队刚起步不久，人人身兼数职。我要主动自学，在实践中磨炼成长，随时完成公司安排的任务。

一阵醇香扑面而来——烘焙磨制的咖啡豆！我好奇地四下张望，看到远处的休息区，几位同事正端着刚煮好的咖啡，兴奋地聊着工作，原来是咖啡时间到了。

在意大利，喝咖啡有着悠久的传统。与好友喝杯咖啡，沟通交流，增进感情，是无比惬意的事。我没想到华为内部还有这么舒适的咖啡厅，太温馨了。于是，我也泡了一杯 Espresso（意式浓咖啡），和同事们坐在一起，聊了起来。香味在空气中回旋，笑声回荡在耳边，我的陌生感一点点消散……

就这样，华为的第一杯咖啡，让我悄悄爱上了这里。

第一次编制财报，跨过"卢比孔河"

一天，我们接到通知，公司将在当地发布 Statutory Financial Statements（法定财务报表），由我们团队负责编制。此报表是公司对外公开的重要财务文件，涉及公司的日常运营和财务状况，需严格遵循当地格式，还要通过严格审计。

没想到，主管把这个重大任务交给了我这个新兵："这是部门第一次独立编制法定财务报表。文件很重要，不容有失，但也是锻炼的好机会，你愿意试试吗？"

这第一单任务有点突然。说实话，我从来没有制作过财务报表，因为在以前的公司，法定财务报表都是请顾问公司制作的。但看着主管信任的目光，我还是点点头，自信地接受了挑战。

我了解法定财务报表的大致内容结构，除了财务"三张表"外，还有附加的注释和分析报告，数据量和信息量都很大，少则几十页，多则数百页。我该从哪里入手呢？

我先收集了华为和一些上市公司的公开财务报表，以及董事会特许会计事务所和审计委员会发布的相关文件。仔细研读一番后，我慢慢地在脑子里形成了初步轮廓和大纲。我又请教了一些行业朋友，买了专业书籍，查阅了意大利民法中的会计准则，收集了税务局对企业财务报表的要求。

几天过去了，随着我手中积累的资料越来越丰富，我的思路逐渐打开，方向也变得清晰。我开始乐观起来，感觉编制工作不难：不就是把华为的财务数据和信息，按法定财务报表规定的格式和模板"搬迁"进去吗？似乎不算棘手，我即将大功告成！

然而，我高兴得太早了，现实很快给我泼了一盆冷水。当我拿到华为内部的试算表和会计科目表等财务信息后，我突然发现，这些文件所包含的会计条目与法定财务报表的条目完全不一样！前者是按华为具体业务场景编制的，所以涵盖的条目非常细，有上百条。而法定财务报表是按照会计的通用准则编制的，条目相对固定，仅有几十条。两者的维度不同，需要找出匹配关系。此时的我，就像带领千军万马的恺撒，在进攻罗马的路上，被横在面前的"卢比孔河"挡住去路，无法逾越。

如何把我的数据匹配正确的条目后"搬迁"到"河对岸"呢？直觉告诉我，应该建一座桥，让属于不同条目的数据，按桥上给出的指引，依次有序地流入法定财务报表中的特定类别。

不破楼兰誓不还

但是，如何给出正确的指引，我不知所措，工作陷入了僵局……

关键时刻，导师给我支了招："要破局，就必须先搞懂华为的业务！"

我拿到的数据，很多都与华为的业务场景息息相关。比如，项目融资产生的利息应该扣减收入还是记入财务费用？今年的某项数据，相比去年发生了什么变化？与该年的业务调整有什么关系？……只有深入理解了这些数据和条目背后的业务逻辑，做出恰当的分析判断，才能给出准确的指引，让数据流入"河对岸"的正确类别，最终编制出专业的财务报告。

我恍然大悟：要成为一名合格的华为会计，不熟悉业务是不行的。所以，我必须补齐这块短板。感谢导师和同事们，他们帮我找来大量有针对性的学习资料，推荐了培训平台上的课程，供我自学。他们还帮我与各主要业务领域的接口人"牵线搭桥"，以便我遇到问题时，能及时澄清疑问。

那是一段忙碌而充实的时光。每天，我都沉浸在各种报表和数据里，细究每个数据背后的业务逻辑，请各领域的专家喝咖啡，虚心请教。大家虽然很忙，但都耐心地给我讲解，毫无保留地共享着宝贵经验。日子一天天过去，我对数据背后的业务理解越来越清晰，数据"搬迁"工作也渐入佳境，一批批数据在我的指引下，有序地沿着大桥，跨过"卢比孔河"，奔向对岸……

不久，我编制的法定财务报表顺利通过审计，按期发布了。这是我人生中编制的第一个企业财务报表，更是公司在意大利第一次独立编制发布的法定财务报表，同事们纷纷为我竖起大

税务赛道上的"机械师"

拇指。那一刻，我感到无比自豪！

第一次税审，免除几十万欧元罚款

不久，凭借工作中的出色表现，我被晋升为总会计师和团队主管，肩上的担子也重了起来。随着公司在意大利市场的迅猛发展，我们要支持的业务量也越来越多，场景也越来越复杂，除了资金、账务和会计等工作，税务审查也逐渐成为工作的重点。

在意大利，税务局税务审查的形式灵活多变，细致入微。检查员不穿任何制服，低调造访纳税人的办公场所，进行现场审计，可能持续好几天，甚至一个月之久。

这些检查员们彬彬有礼，但他们都是久经沙场的审计高手，在原则问题上毫不让步。他们带着挑剔、质疑的眼光，在一张张税务文件的字里行间细细审查，一个小数点也不放过。而且，在他们身后的税务局总部，还有一批经验老到的专家们远程支持，指引他们如何提问，如何主张要求，如何征集文件。

2012年5月，税务局启动对我们的第一次税务审查，审计覆盖的时期是2008年至2010年。随着现场审计日期的临近，我们都在紧张地准备。

一天，我在整理汇总各类税务文档时，发现缺少了2009年和2010年的两篇关联交易文档，心里"咯噔"了一下。关联交易文档是支持华为各子公司间定价的重要技术文件。根据当地税法规定，拥有该文档的企业就像有了"护身符"一样。但意大利税务局是在 2010 年底才出台相关条例，要求各企业制作该文档，因此华为的意大利子公司在 2011 年才开始编写关联交易文档，此前没有编写过。

此时距离现场审查已经不足一周了，怎么办？要补上这个文档吗？能来得及吗？

"无论如何都要补！这么重要的文件，不能抱有侥幸心理，万一税务局抽查怎么办？"当我提出疑问后，大家都纷纷请缨，要求参与编写工作。

我挑选了一位经验丰富的税务同事与我合作，抓紧时间，全力以赴，其他同事提供协助。这无疑是一场硬仗。关联交易文档内容庞杂，涵盖主体文档、本地文档和国别报告等诸多文件。此外，我们还要追溯、还原和验证四年前的诸多交易细节，把错综复杂的关系逐一理顺……

我和这位同事花了整整一天时间，对照模板，把文档结构和内容模块梳理清楚，排好编制计划，并按文档类别分好工，把需要外部协助的接口信息也一一落实。我俩如陀螺一般，高速运转着。意大利的税收制度非常复杂，有国税和大区税两种规则，所有企业所得税的计算都要按两种规则各算两遍。我们加班加点，周末也持续奋战，终于在现场审查前一天，完成了这两篇二百多页的重要文档。

果然，税务审查时税务局抽检了这两份文件。审核完后，检察员微微点头，表示文件的细节和格式都符合标准，同意接受。我和那位同事顶着"熊猫眼"，彼此相视一笑，以示鼓励。如果没有这份文件，我们可能将面临几十万欧元的罚款。

税务赛道上的"机械师"

挡住税务局的一记"重拳"

好不容易搞定了关联交易文档,我们刚想喘口气,没想到税务局的新一轮挑战骤然而至。这次审查的焦点,是意大利华为从 H 和 S 两地的子公司的采购成本费用是否可以税前抵扣。

此前,华为的意大利代表处作为本地分销商,从 H 和 S 两地的子公司采购了大量产品,而 H 和 S 两地恰好在税务局特别关注的名单里。于是,税务局搬出当地税法的有关规定,质疑上述采购成本的合理性,不同意进行税前抵扣,需要补缴税款。

这可谓一记"重拳"!因为我们从上述两地子公司的采购金额非常巨大,占总成本的 90% 左右;如果挡不住这记"重拳",那纳税成本就要重新计算,金额将多出数千万美元!

事实上,税务局的质疑是不合理的。包括华为意大利在内的多数子公司历来都是选择从 H 和 S 两地的子公司采购产品,然后在当地分销,这完全符合业务的标准供应路径,也具备合规的商业实质。

然而,要挡住这记"重拳",缺乏举证的申辩是徒劳的,必须从专业角度出发,从税法中找到依据,才能证明我们的抵扣成本是合理合规的。

我冷静下来,泡了杯咖啡,一边思索着对策,一边对着电脑,逐字逐句地查阅税法,努力搜索与我们场景匹配的信息。

突然,两个例外条款引起了我的注意:第一,证明供应商不是空壳公司,具有真实的实体来管理业务,且以商业目的而存在；第二，证明交易行为确实发生，并且该交易行为具有商业实质。

我眼前一亮，如果拿出有效的证明材料，向税务局澄清我们两地的子公司满足上述条件，属于例外情况，不就可以合法地扣除这些成本费用了吗？

我立即行动起来。首先，我联系了 H 和 S 两地的子公司，获取了办公场所的历史租赁合同、物业费和水电费账单，并附上明确的办公楼占用空间、组织结构、雇员合同等信息，以证明我们在当地的两家子公司是真实的实体，不是空壳公司。

接下来，更艰巨的考验来了：要收集和整理数千条交易数据和证明票据，包括客户 PO、华为 PO、供应商 PO、供应商采购发票、第三方物流服务提供商交货文件、货物进口海关文件……同事们纷纷伸来援手，与我并肩作战。

为了让这些纷繁复杂的票据和一条条交易匹配起来，我们把交易按逻辑和时间排序分类，附上每单关联的证明票据链接，形成一目了然的全景图，清晰地表明交易确实发生，证明交易行为具有商业实质。

经过连续奋战，我们终于在截止日期前完成了所有举证工作，并向税务局提交报告。由于我们的论据充分有力，税务局接受了我们的澄清，同意扣除上述成本。

最终，第一次税务审查胜利结束。大家凭着信念和汗水，克服重重困难，为公司减免了数千万美元的计税成本。我们良好的合作态度和专业的水准也赢得税务局的认可，并奠定了华为在当地成为优秀纳税人的形象。

税务审查后的这段日子，我们趁热打铁，消化总结，把经验教训都记下来，在工作中不断反思和复盘，持续做好税务合规工作。同时，我们主动深入一线，把经验在代表处传播分享，帮助大家共同提高税务合规意识。由于我们的出色工作，华为意大利代表处作为税务遵从项目最佳推行国家之一而受到公司嘉奖。

长达 16 个月的艰难税审

转眼间，到了 2018 年 1 月。我们接到税务局通知，将对公司进行第二次税审。

比起六年前，公司的业务量增长了三倍多，交易数据更加繁多，业务场景更加复杂，涉税金额更加庞大。

无疑，我们将面临一场更艰难的硬仗。然而，此时的我在华为度过了十年时光，已是一名身经百战的老员工。面对挑战，我心静如水，不再慌乱。经历了多次考验，我们早已森严壁垒，众志成城。

在运作上，我们成立了税务审查专项小组，邀请地区部及总部各部门的精兵强将加入，并肩作战。我们除了要关注"一城一池"的得失，还需要有全局视野——不仅关注税务审查的结果，还需要考虑对公司后续年度以及区域内其他子公司甚至集团声誉的影响，确保作战方向正确。

在策略上，我们化"被动"为"主动"。上次，我们是等税务局先提出挑战，再进行澄清。这次，我们提前介入，主动出击。

我们主动拜访了税务局，了解最新的税务审查要求和计划，并和他们一起预查了所有数据，预判可能的待澄清点。通过交流，我们初步摸清税务局本次税务审查的底线目标，也对税务审查规则有了新的认知。

公司的业务量增长了三倍多，有数万条数据亟待整理。我们很难判断税务局会从哪里查起，最稳妥的做法依然是把工作做扎实，核对、分析所有数据。于是，在抗辩开始前，项目组日夜奋战，将所有交易数据一条条梳理清楚，把发现的异常点也标识出来，并予以澄清。唯有预先做足功课，按"底线思维"做最坏打算，准备充足的"弹药"，才能在未来的技术抗辩环节上从容抵御未来的风暴。

2019年元旦刚过，米兰迎来新年的第一场雪。节日里的霓虹灯，与白茫茫的雪景交相辉映，整座城市沉浸在一片祥和之中。然而，对我们而言，技术抗辩的风暴已骤然而至。我们与税务局的沟通、谈判已拉开帷幕。

经过前期的精心准备，我们在沟通、谈判中有的放矢。税务局团队个个都是谈判专家和税法精英，我们不断调整战术，与对方耐心斡旋，但始终坚守底线，最大化争取有利于我司的结果。

高手过招，往往一个细节就决出胜负。在一场关键谈判中，税务局一位专家突然发难，质疑我们证据文件里提供的某家 Comparable Company（可比公司）不合理，理由是该公司经营的业务领域与我司不一样。他显然精心准备过，特意在会议现场登录该公司官网，当众在投影幕上展示其经营业务的领域——的确不属于我司的 ICT 领域！

当时，现场的空气都要凝固了，同事们惊出一身冷汗。可比公司是企业财务估值的重要参照，如果该公司与我司主营业务不同，该证据文件可当场被推翻，使我方陷于被动。

这时候，我站出来，指出对方的质疑是站不住脚的，因为本次税务审查的时间是 2013 年和 2014 年，在那时，该可比公司的经营业务确实与华为是相同的，只是在近几年才发生变更。然而，当前该可比公司网站却无法显示那段时期的经营信息。如何证明呢？同事们都替我捏了把汗……

幸亏我有备而来。我不慌不忙地输入一个网址，页面转到一个专门显示企业历史信息的权威网站。随即，大屏幕上清晰显示了该可比公司在 2013 年和 2014 年的经营信息——正是属于我司的 ICT 领域！大家都舒了一口气。

最终，税务局心悦诚服地接受证据，我们也成功达成了谈判目标。那位曾向我们发难的税务局专家主动与我们握手，对华为团队的专业精神表示钦佩。

2019 年 4 月 16 日，历经 16 个月的艰难历程，我们最终和税务局正式签署税务审计结案报告，为我司减免了数百万欧元的罚款，也为我司在当地和欧洲其他地区持续开展业务奠定了坚实的基础。

做好税务团队的"机械师"

我是土生土长的米兰人。米兰是时尚动感之都，也是意大利赛车运动的圣地。我从小就痴迷激情四射的赛车比赛,梦想自己也能成为一名飞驰的赛车手。慢慢地,我意识到,成功的赛车手,离不开身后默默奉献的机械师团队,正是他们用自己的经验和技术,精心维护着赛车,让它更安全、更稳定、更快速地奔驰在赛道上。

如果把华为的税务工作比作一辆赛车,我就是维护团队里的一名机械师,每时每刻都在默默守护着它,用心关注和呵护它的各个部件和数据的健康,还要让它经得起比赛组织方的严格审查,永远把车况调到最佳状态,伴着它驶入赛道,向着胜利的目标奔驰。

十五年前,当我加入华为成为一名会计的时候,我没想到自己会经历这么多丰富多彩的故事。一路走来,我感恩能与这么多优秀的同事们一起奋斗,一起陪伴着华为成长。

我依然记得,当初决定加入华为时,朋友们那不解的表情。但是,如果时光倒流,我还是会毫不犹豫地说:"我看好这家公司,如果你不想过简单的人生,就和我一起抓住这个机会吧!"

(文字编辑:王 凯)

奔跑是人生最美的姿态
——华为财经人的真心话

一个转身,光阴就成了故事;一次回眸,岁月便成了风景。

读完这篇《华为财经人的真心话》,我的心里满是感动。感动于大家对财经大家庭的认可;感动于全体财经同事在专业成长、守护价值、坚持原则、服务作战中所承受的压力、所付出的不懈努力;感动于各级团队、各位财经导师、各个专业领域在建制度、搭IT、带队伍上十年如一日的坚持和付出。

你们无处不在的努力,正在世界的各个角落点燃着星星之火;你们矢志不渝的执着,为奔向星辰大海的征程一路护航;你们铿锵坚定的脚步,在伟大时代的片段里留下了最闪耀的身影。

奔跑是人生最美的姿态,没有终点,只有起点,每一代人都有自己的新长征!

——孟晚舟

不破楼兰誓不还

1. 你为什么来华为，为什么选择华为财经？

我心向阳（总账会计）：华为财经以专业著称，是财经业界天花板，是拥有业界先进业财融合实践的优秀组织。

阿智的木偶（经营管理财经专员）：在没加入华为之前，我就听说华为财经是个专业化的财经实践组织，具备高效的工作进度和全球化的视野。此外，公司在面试过程中的超高效率以及面试官所展现出的强大的专业素质同样让人印象深刻。当然，还有不得不说的一点，公司给的待遇确实很具有吸引力！

尘封（财经数字化产品经理）：作为一个全球性大公司，华为在全球建有结算中心，整个公司的结算能很快完成，这是其他公司所比不了的，当时听宣讲的时候我就觉得能参与这样的事，很酷。

丝瓜（初级税务经理）：加入华为是希望以后可以往国外税方向发展，华为是一个很大的平台，可以接触很多不同的东西。而且华为人吃苦耐劳，仰望星空，脚踏实地，和我的价值观不谋而合。

沈亚兰（亚太企业财经管理部部长）：华为是一个全球化的公司，能提供非常多的机会和非常大的舞台；华为财经在业界一直是个神话，我还在"四大"会计师事务所之一工作时就听说了各种变革、创新，特别希望能来亲眼看看。

鲁坤（财经数字化产品经理）：来华为是因为喜欢华为的

企业文化和华为拥有的无限可能性。选择华为财经，是因为我本身是财经类院校出身，有自身的金融背景，同时我是计算机专业的，可以充分发挥优势。

板栗小姐姐（税务经理）：通过一段暑期实习，我深入了解了华为，看到了华为财经的数字化、自动化以及财经在业务中的价值与定位，特别是公司平台大，我们有机会可以体验种类不同的财经岗位。

汪玉（终端业务交付财经）：2015年，我通过校招进入华为，很多同学在面试中被刷掉，满怀希望而来却铩羽而归。而我在结束面试的当天下午，就收到面试通过的通知，感觉像中了大奖一样。

花云田（财经数字化工程师）：华为的平台很大，公司对创新研发很重视；岗位符合自己的预期；想努力挣钱。

何文博（财经数字化工程师）：华为拥有业界最完善的应届生培养模式，有完善的工作流程及制度，同时能为我提供足够大的发展平台。

苦行僧（变革项目管理）：来华为是希望能学习更加先进的项目管理知识，认识更优秀的同伴，扩展职业发展的可能性。

易辰（集团财经HR）：因华为财经的专业性与世界级平台而来，公司业务覆盖全球170多个国家和地区，背后的财经体系必将是前所未有的系统化、专业化，让身处其中的每个人都无比兴奋。

武昊（ICT财经HR）：集团财经代表了华为公司的专业水准，与优秀、专业的人一起做事，潜移默化间自己也变得更加优秀、专业。

lunch（员工费用核算专员）：首先，被任总个人魅力所吸引，被华为企业文化所吸引，认同专注、创新、勇敢的品质和精神。其次，华为财经所实行的财务管理流程、制度、体系和系统在业界都十分优秀。我本科学习财务，研究生学习管理学，对财务管理、公司管理等领域产生浓厚兴趣，想要见识大公司如何运作，想要为这样的企业贡献自己的价值，为华为成长贡献一份力量，同时实现自己的成长。

韩莹莹（企业业务销售核算）：我在 IBM 从事渠道财经将近 7 年时间，后有幸加入华为公司。现在回过头来看，从外企的财经人员，转身到我司做账务，是一个非常大的自我挑战，也是一个非常好的成长契机。

行者_寻者（账务风险管理部部长）：华为财经管理代表世界先进水平，加入华为就能了解顶级的财经管理理念和实践。而且华为财经专业、开放，有很多机会参与其中变革和创新，有成就感。

Frank（财经数字化工程师）：华为的 offer 从薪资、企业背书和成长空间等来看是最优解。进入华为前，我就已经听说过华为的财经数字化项目，能进入这个正在进行数字化升级的部门，对个人成长有很大帮助。

Ken（财经数字化技术专家）：加入华为，是希望能与一群优秀的人一起，参与到一些伟大的事当中，影响更多的人，为自己的职业生涯留下宝贵的回忆。

2. 加入华为财经，你的小目标是什么？

一直逆风飞翔的鸟人（总账会计）：去非洲！"挖金矿"！三年赚个几百万（币种看实力）！

汪玉（终端业务交付财经）：提升专业能力，挣点"小钱"，陪伴父母。

小段（经营报告核算管理）：第一年拿 A！

子房（财经数字化产品经理）：赚一个小目标（开玩笑），希望自己成为一个跨界的财经专家和数据科学家。

孙亚歌（财经数字化工程师）：作为一个校招小萌新，我的目标是脚踏实地做好每一件事情，抓住学习的机会不断充实自己，成长为一名可以独当一面的工程师！

JackLou（财经数字化工程师）：成为所在小部门的中流砥柱。

武昊（ICT 财经 HR）：了解集团财经业务，向优秀专家看齐，学习相关财经专业知识并融入日常工作与生活中去。

王靓（总账会计）：成为优秀的财报主人翁。

向林军（希腊代表处 CFO）：小目标就是自己能感受到成长，组织能感受到贡献，主管能感受到放心。

欧亚飞行员查克（欧亚税务经理）：成为一个小有名气的管理者，带出一个敢打敢拼的团队，有一批敢为人先、努力向前的同事，同时实现自我提高的需求。

彭彭和柳柳（财经数字化产品经理）：成为一名能够满足

业务的数据消费需求的资深数据产品经理。

安之（企业业务合作伙伴财经）：站在招我进来的领导面前，我骄傲地说："我是你招进来的！"

黑色竖纹（体验设计师）：三年内上升至管理岗。

Ken（财经数字化技术专家）：希望在工作上有所成长，同时也能有所回报，给家人更好的生活。

Anna Zhao（高级内控经理）：希望能做个 CFO，弄清楚经营、成本、费用怎么合理使用、怎么合理花钱，怎么把钱花在该花的地方。还能通过这些数字看到风险，通过自己的努力，为公司做一点点贡献。

苦行僧（变革项目管理）：提升个人综合能力，使 IT 交付以及项目管理流程成熟化、敏捷化运转。

张健（财经数字化高级工程师）：努力奋斗，在华为财经拿到职业生涯的第一块个人金牌！

子敏于行（高级资金经理）：希望成为一个合格的 CFO，用财经的价值促进业务的稳健与增长。

夏凤（员工费用核算专员）：成为一名有温度的 S 软件开发工程师会计。

何文博（财经数字化工程师）：成为一名资深应用架构师。

向前冲 800 步（终端业务海外业务核算）：快速成长为财经专业领域的小专家，走上基层管理岗位，学会项目管理和人员管理。

陈涛（代表处总会计师）：成为一棵"小"大树。于公司而言，可以是"承重钢筋"；于组织而言可以是"中流砥柱"；于队友而言，可以是"遮风避雨"；于自我而言，可以是"人间值得"。

9S（华为云计算电商与售前财经）：学明白华为财经管理思路、策略、流程和方法。

板栗小姐姐（税务经理）：第一当然是升职加薪，财源滚滚；第二就是能力提升，专业精深；第三还想看看世界，精彩人生。

十年奋斗小兵（高级资金经理）：像女神一样专业，能够助力业务，帮助公司多挣钱。

提后在（财经数字化技术专家）：把自己负责的产品做好。

鞅予（高级税务经理）：先赚三"千万"：千万要坚持税务专业道路，千万要保持遵从敬畏之心，千万要谦卑善学追求上进。

刘莹莹（项目财务PFC）：所负责的项目经营真实可信，项目经营结果好于设计，签订一份高质量的合同。

Daisy（财经数字化高级产品经理）：不啻微茫，造炬成阳，自我学习提升，同时将知识沉淀，有温度地传递、分享给团队，为构建一支懂业务、懂财经、懂技术的数字化解决方案团队添砖加瓦。

3. 你对华为财经的最初印象如何，最颠覆你想象的是什么？

曹慧（知识管理主任工程师）：不是戴着眼镜的老会计，而是朝气蓬勃时尚AI的新青年！

付声河（数字能源项目财务PFC）：来之前的印象：算账的。最颠覆想象：一线PFC是全能的。

朱三岁（终端业务财经管理）：最初印象认为华为财经是

一个非常传统且严肃的集体，个个西装革履，但是来到华为财经后，我发现这是一个开放包容且多元化的集体，大家专业但是不传统，穿着也非常多元化，有各种兴趣爱好的小团体，是一个充满活力的集体。

椰云奶茶 777（收入会计）：初印象，一是数字化的账务核算体系；二是完备成熟的运作流程；三是活力满满的工作氛围。最颠覆想象的是领导的年轻化和部门的包容氛围。

Colleen（运营商业务全球技术服务财经）：对华为财经的初印象是专业。比较颠覆想象的是，业务对财经的信任吧！感觉在一线，凡是业务人员不知道怎么做的、流程是什么等类似的问题，业务都会找财经，我觉得这体现了业务对财经的信任。

菜菜子（中级税务经理）：平台大，体系成熟。最颠覆想象的是工作内容偏系统化，很有挑战。

Ken（财经数字化技术专家）：觉得华为财经的氛围相对比较开放，大家都比较专业，也比较负责，团队的自驱力比较好。

小文子（财经数字化工程师）：以为 IT 技术不强，结果发现全是牛人，厉害了我的财经！

鲁坤（财经数字化产品经理）：起初我认为华为财经的工作氛围很严肃。但是实际来了之后，我发现华为财经工作氛围很和谐、温馨，同事相处平等融洽。

武昊（ICT 财经 HR）：天堂大概是图书馆的模样，而我在财经大楼的 4 楼找到了这样的图书馆。

子敏于行（高级资金经理）：专业，高大上！上学的时候以为财经就是会计，入职后才发现，在华为财经大有可为，是业务的伙伴。

何文博（财经数字化工程师）：最初印象是一个公司的财经部门，居然有这么完善且先进的财经应用及制度流程。最颠覆想象的是华为财经竟然能有如此魄力，拿出这么多人力、物力、财力去做财经数字化项目。

略文艺的小财务 Elaine（合并报告会计）：最颠覆我想象的是像大学一样美丽的园区，同事们对准则的熟悉程度、业务的专业精深超过我之前接触过的客户同行。

易辰（集团财经 HR）：专业团结，出能决策千里之外，入能明晰毫厘之间。

向前冲 800 步（终端业务海外业务核算）：最初印象：专业、融会贯通；颠覆想象：不是手工记账，原来这么多部门协作干活，有这么多高度自动化的系统。

陈涛（代表处总会计师）：最颠覆想象的是，华为财经这个舞台太大了，装得下任何的"狂野梦想"。

板栗小姐姐（税务经理）：这也太自动化、智能化了吧，和书本里面的税法太不一样，对不起，我孤陋寡闻啦！

小何（ICT 产品与解决方案财经）：华为财经的体量之大、分工之细、分布之广、流程之严谨、规则之详细，让我肃然起敬。而颠覆我想象的是面临资源难获取的困难时，我们一直在变革和突破，本以为财经这么大体系要变革起来肯定困难重重，举步维艰，但财经的执行力之强、决心之坚定让不可能变成可能。

韩莹莹（企业业务销售核算）：我司财经尤其是账务领域

的同事，非常"较真儿"，这种"较真儿"通常还体现在与业务领域同事的直接火花碰撞，追求的不是"一团和气你好我好大家好"，而是对准高质量财报的目标。任何风险都要慎重审视并推动优化，可能是流程制度，可能是系统方案，都需要有坚定的毅力去执行和传承。

十年奋斗小兵（高级资金经理）：最颠覆想象的是，同事和同学一样，导师和老师一样，感觉来到了另外一所学校。

鞅予（高级税务经理）：部门多，人多，大神多。颠覆我想象的是标准化流程的完备和五花八门的系统，才能支撑这么大规模数据高速、准确、有效运转。

杨员外（财经数字化资深产品经理）：最初印象是专业、博学而充满激情；最颠覆想象的是，这帮家伙也太"抠"了吧！抠交易、抠账目、抠流水、抠方案、抠测评……

4. 收到第一个月工资时你是什么心情，怎么花的？

易辰（集团财经 HR）：买书充实自己。

椰云奶茶777（收入会计）：心情很激动，买了一些好几年后也没有使用的东西。

一直逆风飞翔的鸟人（总账会计）：刚来几天就发了半个月的工资，开心，感恩，然后跟小伙伴一起去吃了一顿大餐！

曹慧（知识管理主任工程师）：心情很激动，给了父母一半。

小段（经营报告核算管理）：想了很多花法，最后全买了理财产品。

Michael（财经数字化高级工程师）：用于还房贷。

子房（财经数字化产品经理）：二十多年学习生活结束了，见着回头钱了。一部分贡献给房东了。

白象（终端业务内控经理）：特高兴，上交对象一大半，剩余的零花。

孙亚歌（财经数字化工程师）：十分开心，领养了一只小猫。

王靓（总账会计）：自力更生的感觉真好，买了很多东西感谢父母、犒劳自己。

朱三岁（终端业务财经管理）：激动，人生第一桶金。计划买一个华为手机。

徐子光（东北欧财经HR）：跟老婆大吃了一顿；基本都是月光，家有吞金兽。

Ken（财经数字化技术专家）：收到第一个月工资时，心情还是相对平静的，都花在家庭的柴米油盐上了。

交换机接线员（高级产品运营）：很棒，从来没体验过上班一周就发工资的，不过持续时间不长，大概两分钟后就转账给老婆了。

一条淹死的鱼（员工费用核算专员）：收到工资开心啊，然后购物、吃喝、提升自己其他方面的能力，存下工资的60%用于储蓄以备不时之需。

板栗小姐姐（税务经理）：开心十足，手里有钱，心里不慌，开启致富之路啦！第一个月的工资给自己配置了各种保险，后面不得不给自己这个明智的决定点赞。

青儿（集团财经HR）：收到第一个月工资的心情是：特

别开心！自己是一个生产力了，终于可以挣钱养家了！留下生活费，其余全部邮寄给老家的妈妈。在华为的日子里，一直接济三个妹妹的学业，直到她们毕业后来深圳工作。现在姐妹几个经常聚聚聊聊，很幸福！

小何（ICT 产品与解决方案财经）：心里很是激动和自豪，这是步入职场的第一笔收入，它代表了公司对我的认可，也代表我真正长大了，我把房租和生活费足额留下，其余全部转给了父母，希望他们知道自己的孩子真的长大了。

鞅予（高级税务经理）：上缴老婆，千金难买"她"开心！

5. 加入华为财经后，你最大的变化是什么?

易辰（集团财经 HR）：更加包容，更加有规划性。

武昊（ICT 财经 HR）：开始有规律地运动与读书，认真对待每一次的任务与工作，兢兢业业，踏踏实实。

付声河（数字能源项目财务 PFC）：从一个小萌新到全能 PFC。

椰云奶茶 777（收入会计）：心态上更加开放包容，能够勇敢迈出克服自身局限的一步，深深地明白一个人是无法干好一件大事的。

一直逆风飞翔的鸟人（总账会计）：不懂法语的 IT 不是好会计，各种奇怪的技能又增加了！

汪玉（终端业务交付财经）：使用 Excel 能力飞速进步：第一年，导师看到我操作就沉默叹气，现在助理看到我的操作满脸崇拜；沟通能力大幅提升：原本生活中很"社恐"，现在各种汇报不在话下；工作第五年迎来女儿的出生，在华为迎来人生的新阶段。

子房（财经数字化产品经理）：要用产品和业务思维审视工作，必须要有服务意识和思维。

鞅予（高级税务经理）：工作上专业能力得到锻炼提升，内向宝宝变身话痨！

欧亚飞行员查克（欧亚税务经理）：认真、细致，同时也对工作变得积极主动，沉着稳重。

夏风（员工费用核算专员）：变得更加勇敢了，不再去想自己能不能做到，而是去想这个问题怎么推进。

曹刚（敏捷项目管理专家SM）：心态上，重新定位自己并决定重新挑战自己，把思路打开，创造更大的岗位价值。

苦行僧（变革项目管理）：变得更加沉稳、更加成熟，心态更加坦然。

尘封（财经数字化产品经理）：学习的自主性和计划性明显提高了。

子敏于行（高级资金经理）：逻辑、简洁、数据支撑，处理任何事件都会想到这三点。

柯柯（财经数字化工程师）：正在不断成长，包括自身的技术能力和与别人的沟通能力。

雫（支付解决方案会计）：表达能力和思维方式。从别人口中的"听不懂"变成可以清晰表达自己想法，从散点思考变成全局思考。

不破楼兰誓不还

略文艺的小财务 Elaine（合并报告会计）：先是因为硬装黑了一个色号，后又因为食堂和下午茶太丰盛吃胖了一圈。

沈亚兰（亚太企业财经管理部部长）：勤于思考，不仅是完成任务，更是要善于钻研；敢于坚持原则，表达观点。

Daisy（财经数字化高级产品经理）：加入华为财经后，最大的变化是学习资源非常丰富，自我驱动性更强，能力发展也更加多元。公司有 iLearning（华为内部学习门户）这样的好平台支撑，想学什么知识随时可取。

一条淹死的鱼（员工费用核算专员）：懂得了如何更好地与人沟通，然后自己也变得越来越自律，也学到了很多以前没有接触过的知识。

板栗小姐姐（税务经理）：三年胖了大概十多斤……想哭，岁月是一把杀猪刀，华为财经撒了好多"猪饲料"（"万恶"的夜宵、"万恶"的自助外派食堂）。

青儿（集团财经 HR）：工作中，更加谨慎细致，勤于思考，专注专业，有亲切感，有微笑服务的态度和温度！生活上，积极参加财经各种协会活动，精彩纷呈！

收钱做账不要慌（应收账款核算会计）：我原本是一个大大咧咧的人，但在处理每一笔业务时都变成了一个谨小慎微的人。加入华为后深刻理解了：账务作为公司资金资产安全的大坝，我们有责任维护与保证公司资金资产安全，确保财务报告和管理报告准确，对数据要有敬畏心。

杨员外（财经数字化资深产品经理）：知识越来越丰富，朋友越来越多，头发越来越少。

彭彭和柳柳（财经数字化产品经理）：变得热衷于学习，有空就在 iLearning 和 Eureka 的海洋里冲浪。

6. 分享一件你在华为财经做过的最有成就感的事。

一直逆风飞翔的鸟人（总账会计）：上千万元的异常全对清楚了？写的代码竟然跑通了？审计报告全球第一家签字？干的都不是轰轰烈烈的大事，但日常工作做好了，体现了自己的价值，都是成就感。

一只肥猫（财经数字化工程师）：做完一个部署到全球的项目。

小段（经营报告核算管理）：第一个独立完成的结账期最有成就感。

王靓（总账会计）：做关联交易全球结账接口，实现近几年来部门第一次结账与外部门（账务内、税务、财经等诸多部门）沟通合作无差错，面向全球财经做年度结帐赋能。

付声河（数字能源项目财务 PFC）：在喀麦隆和客户谈一个项目回款条款。谈判桌上和客户剑拔弩张，但是最后完美收官。

椰云奶茶 777（收入会计）：在共享服务中心某关键项目落地的过程中，和一群同样很新的小伙伴，主导开发课程、学习方案，从财报管理向管报核算迈进，从零开始建立课程学习和培训机制，梳理新场景的三个核算指引、四个监控指引，提升部门整体的核算能力。

曹慧（知识管理主任工程师）：参与到 Eureka 团队，建设财经知识平台 Eureka，服务全公司 20 多万名员工，助力大家一起学习成长。正面交锋是作战，苦练内功也是作战！

徐子光（东北欧财经 HR）：壮着胆子来到海外，结果发现还可以，也能适应。

向林军（希腊代表处 CFO）：多年前在某代表处亲手制定的流程与工具到现在还在使用；多年前在某代表处，0 金额关闭了税审。

欧亚飞行员查克（欧亚税务经理）：一年之内完成三次转身，成功往"特种兵"方向转型，迅速融入作战岗位；培养过三位优秀的新员工；成功打赢了两场税审，0 金额关闭。

安之（企业业务合作伙伴财经）：其实每一段工作都很有成就感，每段都在创新、都在陪着公司尝试，很幸运，得到了很多支持和帮助，给公司每年增加数亿元利润，预测准确率提升到 98.5%，帮助客户伙伴累计融资达到每年 400 亿元，在华为内部门户网站首页分享最新的调研报告……

子敏于行（高级资金经理）：2015 年，我跟着 CFO 和系统部长一起去跟客户 CFO/CTO 谈项目，基于我设计的汇困汇出与本币消耗方案，我们实现了无资金损失，最终合同落地。后来我拿了区域总裁嘉奖令，是唯一的财经成员哦。

米果爸爸（销售核算解决方案会计）：圆满完成 IFRS15 新收入准则切换。

娃娃（终端业务解决方案会计）：助业务搞定客户侧的困难，比如紧急的退款、付款等。跟着团队一起支撑手工核算到系统管道自动化，从刚开始的每个月结账 1 号都要忙到通宵，到后面可以系统自动化，我们只用验证数据。整个自动化的测试上线到运营维护的全过程，都很难忘。

我心向阳（总账会计）：加入财经项目性工作，看到最初的人拉肩扛的业务，随着项目推行落地，都实现了自动化。很感谢自己在项目中的成长和收获。

沈亚兰（亚太企业财经管理部部长）：自主研究探索适合企业业务的围绕 NA 的经营机制，并利用各种渠道、各种资源去推行落地。作为第一个吃螃蟹的人，虽然吃得辛苦，但吃得值得。

一条淹死的鱼（员工费用核算专员）：初入华为一个月，目前最有成就感的是帮助员工完整地走完了一个报销环节，跟踪，解答。每天都会遇到很多新鲜的问题，每天都在头脑风暴，感觉是一种很奇特的工作体验。

向前冲 800 步（终端业务海外业务核算）：能够在基础核算中发现问题，并且帮助业务进行问题闭环和流程优化。

板栗小姐姐（税务经理）：当年负责研发费用加计扣除工作时，我发现了研发人员项目类型选择错误，造成一堆研发费用没有享受加计扣除的税收优惠。然后我拉通财经、研发同事等寻找原因、修正问题等，最终让公司充分享受到了这一大笔税收优惠，节约了好多好多钱。

野马（运营商业务销售核算）：牵头出具一个复杂的 1+N 方案，虽然过程很痛苦，入账的那一刻很有成就感。

十年奋斗小兵（高级资金经理）：和团队一起拉着银行加

班支持，那一天把公司的回款和其他现金收入全部安排投资出去，因为我们的提前准备给公司多带来了数百万元的投资收益，团队成员说多挣了"深圳湾一套房"。

收钱做账不要慌（应收账款核算会计）：统筹上线了 AR 主要非现金到款业务的自动化，让会计做账慢慢由 ERP 搬迁到 CFS 系统，为后续 CFS2.0 打下基础。

鞅予（高级税务经理）：参加过多次财经变革项目，变革项目中留有自己的痕迹，包括集成税务遵从项目和 Meta ERP 项目等。

Daisy（财经数字化高级产品经理）：所负责几个领域的工作均得到对接业务同事认可和点赞，同时，自己也在项目过程中不断学习和提升，成为别人眼中的"懂业务、懂财经、懂技术"专家，向新来同事分享经验，让自己觉得很有成就感。

7. 加入华为财经后，你最大的收获是什么？

明锜（客户及项目财经 COE）：实现了经常出个国"谈谈生意"的小愿望。

机长（运营商业务全球技术服务财经）：一系列老了之后可以给孙辈讲的故事。

易辰（集团财经 HR）：与人包容，与事专注。

犀利伟伟（总账会计）：学习、学习、学习！

曹慧（知识管理主任工程师）：收获朋友，收获了满意的物质回报，收获了走出校园后的新领域新本领，干一行，成一项专业。

白象（终端业务内控经理）：有了成长的充足空间，充满期待。

王靓（总账会计）：认识了很多眼里有光、工作能力超强、生活有趣的朋友，疫情的时候向地球另一边的很多朋友发去了问候，我生病的时候也能收到地球另一端的很多问候。

向林军（希腊代表处 CFO）：接触到全球各地各行各业优秀的人才，视野变宽了。

天凉好个大秋（财经数字化工程师）：认识了可爱的同事，遇到了善良的导师，赚到了人生真正意义上的第一桶金！

彭彭和柳柳（财经数字化产品经理）：学习了各种专业的体系，包括业务流程、开发流程等。

安之（企业业务合作伙伴财经）：全球化视野，端到端的流程，业财融合，全面、专业、系统化、流程化的财经解决方案，行之有效的内控管理体系。

苦行僧（变革项目管理）：收获了一个氛围感满满的部门，收获了一位认真待人、脾气超好的导师，收获了一群可爱的同事。

张健（财经数字化高级工程师）：最大收获，也是最幸运的是，遇到了组内的小伙伴，人太好了！氛围非常好。

子敏于行（高级资金经理）：被组织外派到最艰苦的国家之一，走过枪战的街头，吃过催泪瓦斯，见过最美的加勒比海，看过世界上最高的天使瀑布，欣赏过最美的星空，也为公司及时迅速收缩在这个国家的风险敞口，做出了自己的贡献。人生攒满了回忆，就是收获，无悔无憾。

不破楼兰誓不还

娃娃（终端业务解决方案会计）：形成了全面思考的能力，一件事情不单单关注账务环节，还需要从业务的各个行业线去思考，最后大家一起讨论达成各方的最优解。当然有时候不一定是最优解，但一定是当时能想到的最好的方案。

略文艺的小财务 Elaine（合并报告会计）：专业上，实操了自己一直感兴趣的会计书中最难的章节，如"长期股权投资""合并财务报表"的业务，业余生活也因为各类插花课、咖啡课、油画课、舞蹈课被安排得明明白白。

Colleen（运营商业务全球技术服务财经）：一个非财经专业的人在财经领域干了十年，所以每一件事都算是额外的收获。

阿智的木偶（经营管理财经专员）：由于自己的岗位侧重于考察个人的逻辑能力，因此我发现自己的思维能力，随着业务的不断推进有所提升，形成了一套独属于自己的思考框架。

8. 你有过动摇或沮丧的时刻吗？是什么原因让你选择继续留下来？

一直逆风飞翔的鸟人（总账会计）：沮丧当然有，经常自我怀疑。为什么留下来？不服输啊！

王靓（总账会计）：有过，入职头两年经常这样，但来自身边朋友的鼓励和夸赞，以及工作中不断产生的成就感，让我留了下来。

向林军（希腊代表处 CFO）：这种场景应该非常多。每年都会有那么一两件在当时看来快要压垮自己的大事，但是回头来看，打不垮你的终将使你强大。

苦行僧（变革项目管理）：交付压力特别大的时候非常沮丧，导师帮助我看清楚问题，积极定位解决问题，让我感觉到我不是一个人在战斗。

陈涛（代表处总会计师）：有过。留下来的原因很多，这个平台太大，还有很多想学的还没来得及学的知识，身边还有很多优秀的人，还没有能够汲取到他们的优秀思想，还有很多未完成的事情，还想接着去做。最重要的是，在这里，有一种新时代新青年的热血感，只要在这里一天，我就有底气说，我也是"小战士"。

阿智的木偶（经营管理财经专员）：有，尤其是在一开始的时候，由于对工作内容的不适应，且工作强度有些大，我会陷入自我怀疑的状态，觉得自己是不是没法坚持了，最后我还是采用了自我暗示的方法，也就是不断给自己设定小目标和激励。每当我实现一个小目标后，我会奖励自己一个鸡腿，或者去看会儿电影放松下，帮助自己舒缓焦虑情绪，渡过暂时的困难。

陈润宇（ICT 产品与解决方案财经）：沮丧的时刻大概就是培训和工作的时候，发现身边的人都那么优秀，还是很有压迫感的，偶尔还会自卑一下，但我抗压能力还不错，大部分时候都更有动力了！

鞅予（高级税务经理）：有。因为我不服，答案总比问题多，我一定能找到那个答案！

杨员外（财经数字化资深产品经理）：有过迷茫，最后睡一觉想通了，因为事还没做完。

不破楼兰誓不还

9. 你会推荐别人来华为财经吗？想对他们说什么？

朱三岁（终端业务财经管理）：会的，快来快来，工资高，待遇好，工作氛围超级赞，强烈推荐！！！

安之（企业业务合作伙伴财经）：会推荐，这是全球财经管理水平最高、最全面的公司，只要你想，这里有财经管理的所有要素。

娃娃（终端业务解决方案会计）：会，华为财经是我觉得目前各个大公司里面最有挑战的岗位，在这个岗位上有更全面的视角和机会去接触各个业务和流程，而且更有机会参与业务和项目的运作，是有成就感的工作。

丝瓜（初级税务经理）：当然会，这里平台真的很大，大家都很单纯，公司会为你想好很多事情，很细心，我们需要做的就是好好工作，提升自己能力。

武昊（ICT财经HR）：与优秀、专业的人一起做事，成就更优秀、专业的自己。

汪玉（终端业务交付财经）：会。这里有广阔的空间，天高任鸟飞，和优秀的人，做伟大的事。

曹慧（知识管理主任工程师）：来吧，这是一个朝气蓬勃、与时俱进、专业精深的组织，欢迎有志的你一起来成长。

机长（运营商业务全球技术服务财经）：会，趁年轻，多闯荡，不要想着年轻的时候安稳，别躺平。

王靓（总账会计）：会！在这里，你会收获很多意想不到的快乐！

徐子光（东北欧财经 HR）：会，我会推荐身边朋友来华为；高调做事，低调做人。

向林军（希腊代表处 CFO）：我会对朋友说，如果你想挑战自己，不甘平庸，华为财经的舞台值得你去尝试和表演。

欧亚飞行员查克（欧亚税务经理）：华为是一家不一样的公司，华为财经更是一个专业和与众不同的团队，你会随着它一起变得成熟、变得强大。你可以懂最前沿，你也可以学习如何将最前沿的理论转化成具体的应用实践。加入它，受益匪浅。

花云田（财经数字化工程师）：会推荐。这里大咖云集，平台广阔。如果你对金融、经济领域感兴趣，这里是一个很好的选择。

苦行僧（变革项目管理）：我会推荐。如果朋友想来，我会说，如果你有志向，有抱负，有能力，有一颗包容善良的内心，一定要来集团财经，你会发现这里有很多同类。

交换机接线员（高级产品运营）：当然会推荐。要放平心态，从头开始，当下的困难都会是未来的垫脚石。

夏风（员工费用核算专员）：推荐，不逼一下自己真的不知道自己原来可以那么厉害。

Lunch（员工费用核算专员）：当然。做好长期艰苦奋斗的准备，调整好心态，路很长，要一步一步前进。

一条淹死的鱼（员工费用核算专员）：会推荐。我想对他们说，这里有很多可以增加自己阅历的东西，这里的人都很有个性且友好。

不破楼兰誓不还

周然（中级税务经理）：会推荐。这里有最专业的团队，有最多的锻炼机会。

韩莹莹（企业业务销售核算）：强力推荐。要加入华为公司，首先你要足够优秀，其次你要相信有更多的优秀的人能让你持续滋养和成长，虽然有时候会比较累，但付出和回报是正相关的。

阿智的木偶（经营管理财经专员）：当然会。来吧，你想提升自己的财经素养吗？这里有专业的团队、热情的同事、可口的美食，统统为你敞开怀抱！

杨员外（财经数字化资深产品经理）：会，并且一直在推荐优秀的人才加入。这里有一个好的公司平台、一片不断演化的业务场景土壤、一群聪明人、一腔热血，有胆量的你可以来见识、挑战下！